LES
Génies planétaires
(Abrégé)

F.-Ch. BARLET

LES
Génies planétaires

(ABRÉGÉ)

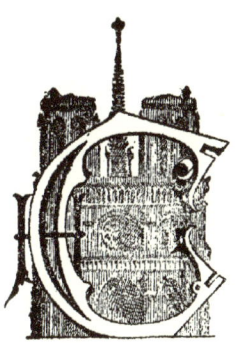

PARIS
ÉDITION DU " VOILE D'ISIS "
11, QUAI SAINT-MICHEL, 11
—
1921

TOUS DROITS RÉSERVÉS

© 2018 • AMICI LIBRORUM • TOUS DROITS RÉSERVÉS
ISBN 978-0-244-09343-3

LA SCIENCE ASTRALE

INTRODUCTION.

Une fois que le praticien est maître des opérations préparatoires du thème astrologique et passe à son interprétation, une des difficultés qui l'embarrassent le plus est de fixer les significateurs d'une question donnée, c'est-à-dire de préciser les signes, les maisons et les astres qui correspondent aux particularités de cette question et leur influence sur son développement futur. Les *aphorismes* recueillis dans les traités sont généralement d'une extension trop large pour satisfaire à tous les cas, et d'ailleurs ils ne sont pas justifiés ou discutés ; en fait, l'astrologue doit surtout fonder ses décisions sur ses propres déductions, en ne demandant aux livres que des exemples, à l'appui de quelques règles principales.

Cette nécessité suppose qu'il connaisse avec une précision suffisante les qualités fondamentales, essentielles des divers éléments constitutifs du thème, et qu'il s'exerce à en tirer par lui-même toutes les conséquences, toutes les extensions, toutes les analogies.

Or une pareille définition précise et concise des éléments constitutifs du thème astrologique n'existe à peu près nulle part ; on n'apprend à les connaître que par une énumération plus ou moins complète de leurs influences, par leurs qualités accessoires, ou même, par le mode de leur construction représentative.

Nous allons essayer de combler cette lacune en nous rendant compte avant tout de ce que sont, par essence, les signes, les planètes et les maisons, ainsi que de la cause de leurs influences.

*
* *

On lit dans les meilleurs traités que les planètes empruntent leur puissance et leur nature du signe zodiacal désigné comme leur domicile, de sorte que l'élément fondamental de l'Astrologie serait la division de l'écliptique en douze signes. Il faudrait, à l'appui de cette opinion, justifier d'abord la distinction des signes et de leur série, expliquer ensuite la répartition des planètes dans ces signes ; c'est ce que l'on fait bien rarement.

Or, quand on cherche à résoudre ce double problème, on s'aperçoit d'abord que les signes et les planètes sont rapprochés respectivement par les qualités qu'ils tiennent les uns et les autres d'une autre source qui leur est commune, à savoir des quatre éléments.

Il devient alors nécessaire de définir ceux-ci nettement à leur tour et cette nécessité est d'autant plus impérieuse qu'ils sont encore aujourd'hui considérés tout au plus comme de simples symboles des quatre états de la Matière, ou plus souvent encore comme le fruit de superstitions enfantines de la part des savants de l'antiquité. Ce préjugé montre combien les nôtres ignorent la profondeur et l'étendue intellectuelles et spirituelles de leurs collègues d'autrefois ; il y a grand intérêt à le combattre toutes fois qu'on le rencontre parce que, né d'un sentiment d'orgueil bien contraire à la sincérité de la science, il enseigne à chaque siècle à fonder ses édifices sur la ruine des anciens, et à faire ainsi du progrès un mouvement essentiellement destructeur, au lieu d'un créateur qui ne cesse de perfectionner son œuvre.

Pour justifier ces assertions et fonder suffisamment les définitions que nous cherchons, il faudrait des explications beaucoup trop longues pour notre cadre, on va donc être obligé d'en donner simplement le résultat et d'y multiplier les assertions dogmatiques ; on essaiera du moins de les disposer de manière que leur ordre les rende déjà plausibles (1).

Les définitions des Éléments, des influences planétaires et du zodiaque se rattachaient à tout l'ensemble de la Cosmologie des anciens, dont les bases se retrouvent au fond de toutes les religions, comme une tradition commune d'où elles sont issues.

Elle remontait jusqu'à la notion de l'Absolu, d'où elle représentait qu'était descendu le Créateur unique du Monde réel. En réduisant cette cosmologie aux

---

(1) La démonstration complète en a déjà été tentée dans la *Revue :* la Science Astrale, en 1904 et 1905 ; elle est développée et remaniée sous une forme plus conforme à nos sciences modernes, dans un ouvrage encore en préparation, mais presque achevé : *les Génies planétaires.*

seuls traits qui nous intéressent, on peut la résumer en disant que de ce Créateur, devenu d'abord trinitaire, sont issus en premier lieu les quatre Éléments, ensuite les sept Puissances que les planètes de notre système solaire nous représentent, et finalement celles détaillées par le Zodiaque.

On reconnaît immédiatement ici la série des Nombres que les anciens savants avec Pythagore ont nommés *divins* :

1, le Créateur ;

4, les Eléments ;

7, les Puissances planétaires ;

10, celles zodiacales, complétées par la distribution des constellations (car pendant longtemps le zodiaque n'a compris que 10 signes, le Nombre 12, celui de la Vie, n'étant que le développement trinitaire du 10).

Il est facile de reconnaître en ces nombres la descente du Verbe créateur vers la Matière.

On peut résumer brièvement comme voici, ce processus, pour arriver aux définitions que nous cherchons.

L'*Absolu*, ou, pour mieux dire, la Cause première, innommable, de toutes choses, s'est d'abord manifestée en trinité en se polarisant en deux Principes complémentaires : l'Être et le Non-Être (ce dernier capable de devenir). Ces deux pôles, analogues à ceux que nous voyons se former dans un barreau d'acier par la magnétisation, sont représentés pour nous par les nombres *Zéro* et l'*Infini*, qui sont comme les frontières de l'Absolu et les limites de notre Monde réel.

Par un développement qu'il serait trop long de donner ici, cette trinité devient finalement ce que nous nommons l'*Esprit*, la *Matière* et l'*Énergie*, ou l'*Ame du Monde*, cette dernière ayant pour fonction de rassembler en soi les deux autres puissances, en une croissance indéfinie qui, ainsi, constituera la réalisation vivante de l'*Absolu*.

Les anciens, symbolisant cette trinité par des correspondances empruntées au monde physique, l'avaient désignée, comme on le voit notamment chez Aristote, par les termes de *Chaud*, de *Froid* et de *Tiède* ou *Tempéré*, considérés comme des Principes.

Le terme intermédiaire, Ame du Monde ou Tiède, pour accomplir son rôle de récepteur, a dû se polariser à son tour en deux degrés correspondant aux deux pôles d'*Esprit* et de *Matière*, afin de se mettre avec eux en communication directe et distincte et de recueillir leurs effluves complémentaires. Ces degrés, par des considérations qu'il faut encore supprimer ici, ont reçu de la philosophie deux noms encore en usage : l'un, qui correspond à l'Esprit, est la *Substance* ou faculté de rester indivisible et constant à travers toutes les modifications qui constitueront le progrès de la Vie ; l'autre degré correspondant à la Matière est l'*Essence*, « faculté d'arriver au plus haut degré de réalité et de durée ».

Aristote, au lieu de nommer directement ces facultés, les désigne par leur double extension vers les deux pôles primitifs, au moyen du degré de subtilité qu'ils affectent dans le Monde physique, c'est-à-dire qu'il désigne leurs deux directions par les noms de *Sec* et d'*Humide*: *Sec*, qui est le caractère de l'indépendance individuelle, quand la direction est vers le principe auquel se rattache le pôle de l'Énergie; *humide*, quand la direction est vers le but de l'Énergie.

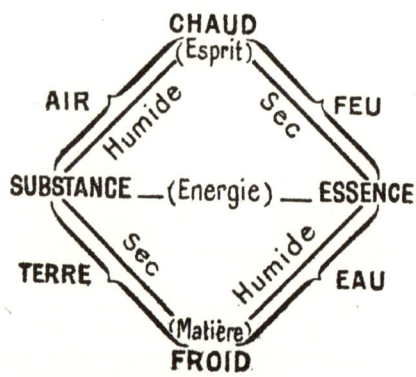

Ainsi, comme la Substance résulte d'une involution de l'Esprit (ou Chaud), elle est de qualité humide par rapport à celui-ci; et comme elle se dirige vers la Matière (ou Froid), dans cette direction, elle prend le caractère du Sec; elle va se concentrer en individualités. A l'inverse, l'Essence issue de la Terre par subtilisation est de nature humide de son côté et sèche par rapport à l'Esprit vers lequel elle s'élève.

De là le caractère attribué, selon Aristote, aux Éléments :

Le Feu est une combinaison du chaud et du sec ;
L'Air est humide et chaud ;
L'Eau est humide et froide ;

La Terre est froide et sèche ;
comme on le voit par le schéma ci-contre.

Nous pouvons dire d'une manière plus générale :

Le *Feu* est l'*Essence en voie de spiritualisation* (ou, par rapport à son origine), l'*Esprit descendant au rôle d'Essence*;

L'*Air* est l'*Esprit qui substantialise* (ou encore la Substance en tant qu'issue de l'Esprit) ;

L'*Eau*, c'est la *Matière en voie d'Essentialisation* (ou encore l'Essence en tant qu'issue de la Matière pour s'élever vers l'Esprit) ;

La *Terre* est la *Matérialisation de la Substance* (ou la Matière en tant que Substance concrète).

Ainsi les Éléments sont des formes de l'Énergie, des Principes cosmiques qui en développent le fonctionnement ; ils représentent le processus par lequel l'Esprit s'incarne dans la Matière pour produire le Monde physique, dont l'Énergie est l'âme, autrement dit pour le *créer*. C'est pourquoi les anciens désignaient ce monde par le nom de *Monde élémentaire*.

Quant aux noms qu'ils ont donnés aux Éléments, ils sont empruntés aux quatre états de notre Matière. C'est que ces états sont les dernières manifestations des Principes premiers et qu'ils obéissent au même processus.

*
* *

Telle est la première manifestation du Verbe Créateur par le Monde physique ; elle correspond au nombre Quatre et au nom divin de *Jehovah*, ou יהוה (IEhOu'Ah).

La manifestation suivante procède de celle-là par un nouveau développement trinitaire.

Chaque Élément se polarise pour s'unir à ses deux voisins immédiats : le Feu avec l'Air d'une part, avec l'Eau, de l'autre ; l'Air avec le Feu et avec la Terre, et ainsi de suite.

Cette union produit une Puissance cosmique nouvelle, représentative des Éléments qui l'ont engendrée et chaque élément sera représenté désormais par deux délégués de ce genre, par exemple le Feu par le Soleil et par Mars.

Puis, selon la loi constante, la dualité de ces délégués est résolue par la production d'une troisième Puissance qui les synthétise ; de sorte que, finalement, chaque élément est représenté par une trinité nouvelle (de troisième ordre), qui continue la multiplication des pôles, sans en briser l'unité.

Ces quatre trinités issues des Éléments constituent précisément les Puissances cosmiques que nous voyons aujourd'hui représentées par les Planètes, et qui s'ajoutent aux Éléments pour servir de base à l'Astrologie (Voir le Schéma suivant).

Si nous les nommons par ces Planètes c'est que celles-ci sont les séjours spéciaux et comme les organes corporels de ces Puissances, dans notre système solaire ; voici comment cela peut se comprendre. Chacune de nos planètes est issue du Soleil, comme l'enseigne et le démontre l'Astronomie : Elle s'en est détachée à mesure que notre Soleil se contractait, pour vivre désormais de sa vie propre, mais en continuant de rester attachée à sa source, le Soleil, et d'accomplir, autour de lui comme centre, sa révolution perpétuelle. La Planète, ainsi détachée, n'est d'ailleurs que la concrétion de toute une certaine couche sphérique de même nature, d'une certaine épaisseur, détachée du Soleil par sa contraction ;

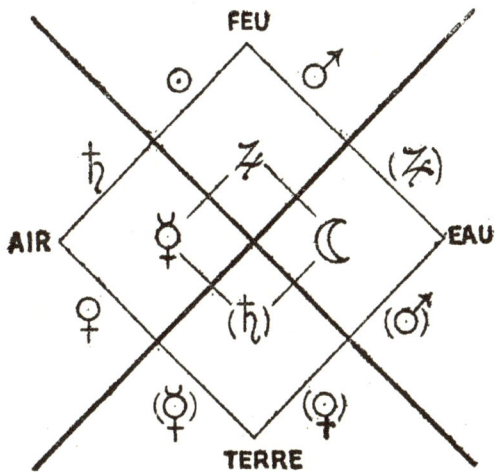

c'est ce que fait penser notamment l'existence d'anneaux tels que ceux qui entourent Saturne, que l'on pense avoir été généralement la source des Satellites planétaires ; la Lumière zodiacale du Soleil ; les bancs d'étoiles filantes périodiques viennent encore à l'appui de cette hypothèse.

L'état actuel de notre système solaire est donc constitué par une série de couches successives dans lesquelles se meuvent les planètes, comme le montre le schéma ci-dessus : on peut le considérer comme une suite de cellules concentriques dont la planète est le noyau, et dont la matière même est le protoplasma où se meut ce noyau.

Couche Saturnienne.
♄
Couche Jupitérienne.
♃
Couche Martiale.
♂
Couche Terrienne.
ⴲ
Couche Vénusienne.
♀
Couche Mercurienne.
☿
Soleil.
☉

Or, à chacune des époques où ces couches se sont détachées, la matière abandonnée par le soleil était différente, dépositaire d'une énergie spéciale correspondant à l'état solaire à ce moment ; c'est ce que montre, notamment, la densité des planètes décroissant à mesure que leur distance augmente : chacune avait son caractère propre, son individualité ; c'est cette âme qui est représentée par la planète correspondante, nucleus dépositaire de tout le principe actif, de l'Énergie de sa couche.

On conçoit donc que la radiation émanée de cette planète en transmette la vertu spéciale, non seulement dans la région qui renferme son orbe, mais aussi à travers toutes les autres couches, par la raison qu'elle est, de par son origine, de nature fort subtile et même d'autant plus subtile qu'elle est plus éloignée du centre.

Au point de vue de notre terre en particulier, une planète aura sur les habitants une influence variable, selon sa nature propre d'abord, c'est-à-dire selon son Élément et selon le rang qu'elle y occupait, puis, d'autre part, selon sa position sur l'horizon qu'elle influence.

C'est tout le principe de l'Astrologie : ce que cette science étudie, ce n'est pas proprement l'influence du corps de chaque planète, mais bien celle de l'énergie physique, psychique et spirituelle que le Verbe créateur lui a confiée, dont elle est dépositaire et qu'elle verse à travers les espaces célestes dans des conditions toujours nouvelles, en parcourant son orbite propre.

*
* *

Il faudrait ici démontrer que les énergies que nous venons de voir naître des rapports des Éléments sont précisément celles que l'Astrologie attribue aux sept planètes principales (1) ; il y aurait lieu aussi de jus-

---

(1) Il est bien entendu que, selon le vocabulaire astrologique, on comprend ici sous le nom de *planètes* tous les astres mobiles.

On observera aussi que nous connaissons aujourd'hui deux planètes nouvelles, mais il faut les considérer comme appartenant à une région nouvelle du système solaire et comme à une nouvelle gamme septenaire, c'est ce que semblent prouver leurs satellites qui tournent en sens inverse de ceux de Saturne,

tifier leur distribution dans les Éléments, mais ces développements très longs dépassent de beaucoup les limites de ces indications sommaires (on les trouvera dans l'ouvrage spécial qui leur sera consacré). On va se contenter ici d'indiquer cette distribution, avant de passer à la description caractéristique de chaque planète, qui en résulte.

L'astre qui joint l'Élément du Feu à celui de l'Air est le *Soleil :* il est le premier parmi tous les autres, ne fût-ce que comme trait d'union entre les deux Éléments principaux ; il occupe du reste, comme on va le voir, avec la Lune une place toute spéciale.

Le second astre d'union du Feu avec l'*Eau*, est la planète *Mars*, celle de la Force puissante ; c'est qu'en fait l'acte de création matérielle s'accomplit par la coopération du Feu et de l'Eau, comme le dit la Genèse, notamment : « L'*Esprit* de Dieu était porté sur les Eaux. » (Ch. 1, v. 2.)

Le Soleil et Mars sont synthétisés par *Jupiter* qui, ainsi, représente le Feu à son troisième degré de manifestation réalisatrice.

L'Air s'unit au Feu par la planète *Saturne*. Il se joint à la Terre par *Vénus*.

Et la planète qui, en les synthétisant, représente le troisième degré de manifestation de l'Air, est *Mercure*.

Arrivés à ce point de notre énumération, nous devons remarquer que nous avons déjà nommé les sept planètes astrologiques, sauf la *Lune ;* cependant il

comme entraînés par un remous au contact de l'Orbe saturnienne. C'est ainsi que les astrologues considèrent Uranus et Neptune.

nous reste encore à caractériser six principes de jonction appartenant aux deux Éléments de l'Eau et de la Terre ; il faut expliquer ce qu'ils devront être :

Les Éléments sont de deux catégories ; il y en a deux supérieurs, le Feu et l'Air, qui, ainsi qu'on l'a indiqué plus haut, représentent principalement l'abaissement du Principe spirituel vers la Matière, ou l'*involution* du Créateur. Les deux autres, Terre et Eau, correspondent, au contraire, à l'élévation de la créature vers l'Esprit.

L'influence des deux premiers est de nature universelle, cosmique, celle des deux autres est individuelle, particulière à la créature.

Mais dans cette opposition de directions, tous deux sont d'ordre semblable et symétrique : dans l'évolution l'Eau s'élève de la Terre, comme l'Air involuant descend du Feu. Leurs traits d'union avec leurs voisins ou entre eux vont être de même nature que ceux qu'on vient de trouver pour l'Air et le Feu ; seulement ils seront d'un caractère moins universel, plus individuel.

Nous devons retrouver le senaire précédent des planètes, mais, pour en distinguer le caractère plus restreint, l'Astrologie y ajoute la dénomination de *Nocturnes* tandis que les six premiers sont nommés *Diurnes* (parce que le jour qui nous met en relation active et sociale avec nos semblables, est de caractère plus universel que la Nuit, où chaque individu rentre en sa personnalité pour la renouveler dans le repos)(1).

(1) Sur le schéma (v. page 9), les planètes nocturnes sont entre parenthèses.

Il y a cependant une exception : au lieu du Soleil, nous allons retrouver ici la Lune. Celle-ci, satellite de la Terre, complément opposé du Soleil central, expression ultime de l'individualité, est considérée comme la *Nocturne du Soleil.* Elle sera la dominante des astres nocturnes, comme le Soleil est chef des Diurnes.

Ainsi, nous allons trouver pour trinité de l'Eau :
Jupiter nocturne qui l'unit au Feu,
et *Mars nocturne* qui l'unit à la Terre,
avec la *Lune* pour synthèse.
La Terre nous présentera :
Mercure nocturne pour l'union avec l'Air,
Vénus nocturne pour l'Union avec l'Eau,
et *Saturne nocturne* pour la synthèse.

Au total nous avons le septénaire des Planètes de notre système, considéré dans sa dualité résolue en Trinité.

Et c'est de là que va naître le duodénaire zodiacal.

CHAPITRE PREMIER

LES PUISSANCES DU FEU

Les planètes de *Feu* sont essentiellement créatrices, et créatrices non de formes physiques, mais de forces psychiques. Aussi leurs états nocturnes appartiennent-ils à l'élément de l'*Eau* (1), car la création se fait par l'action du *Feu* sur l'*Eau*, comme on l'a rappelé plus haut.

La raison en est que l'Être, une fois qu'il a créé la Nature et, par elle, la Matière première, ne descend plus qu'à moitié distance vers elles. C'est à la Nature qu'il laisse le soin de former, d'élever, de faire progresser les êtres individuels dont il lui a confié l'esprit et les germes.

L'*Eau* est, comme on l'a dit déjà, l'Esprit de la *Terre*; la création se fait donc pour ainsi dire d'Esprit à Esprit, pour se réaliser corporellement par les Éléments corporels, l'*Air* et la *Terre*.

C'est par le *Feu* qu'elle débute, puisque le *Feu* est l'Élément qui donne, aux créatures arrachées au Non-

---

(1) Cette assertion s'applique même au Soleil parce que la lune est son nocturne.

Etre, la faculté d'Etre ou Essence (voir p. 6 et les fig. pp. 6 et 9).

Faisons ici encore une remarque très importante. Cette qualité de Puissances créatrices, propre aux planètes du Feu, doit nous faire conclure qu'elles sont particulièrement bénéfiques, comme dérivant plus immédiatement que les autres de la source de tout Bien, de toute Beauté, de toute Vérité. On voit pourtant parmi elles une planète particulièrement réputée comme *maléfique : Mars*. C'est qu'il faut bien comprendre cette définition de l'influence maléfique en Astrologie.

Il faut poser d'abord en principe qu'aucune des sept Puissances que nous avons à définir ici ne peut être, et n'est en effet, génératrice de mal d'aucune sorte ; elles sont les créatures célestes, les sept ministres du Verbe créateur, les premières auxiliaires de son œuvre divine. Le Mal n'est pas en elles, il est dû exclusivement à l'abus que fait la créature de la liberté à elle donnée par le Créateur, de se prononcer et même d'agir contre sa volonté, contre le plan universel ; le mal est la conséquence nécessaire, fatale, du refus par la créature libre, mais limitée, d'accepter le Plan cosmique de son Créateur éternel et parfait.

Par conséquent, au point de vue astrologique, les sept Puissances planétaires, êtres célestes, participant de la nature de leur Créateur, agents réalisateurs de sa pensée, n'engendrent que du bien, tant qu'elles sont considérées *dans leur état diurne*, représentatif de leur état céleste, propre.

Il ne peut se trouver de souffrance, de faute, de

maléfice, que dans leur état *nocturne* qui représente les facultés des sept Puissances du Verbe, en tant que confiées à la créature individuelle et volontaire, capable d'en abuser ou de les méconnaître.

Soyons donc assurés qu'*aucune planète en état diurne n'a de caractère maléfique* ; il faudra tout au plus la considérer dangereuse pour nous, à cause de la responsabilité à laquelle elle nous engage. C'est ce que l'on va comprendre par un exemple ; il nous éclairera en même temps sur l'une des causes du caractère maléfique.

La planète Mars, comme on va le voir tout à l'heure, est celle du dévouement chevaleresque, dont l'un des effets est d'exiger de nous le sacrifice pour le Bien ou la Vérité, et le sacrifice jusqu'à la mort ; c'est un des facteurs les plus beaux et les plus fructueux pour le progrès spirituel et l'immortalité de la créature ; nous venons d'en sentir tout le prix dans la terrible lutte où tant de patries en danger viennent d'être sauvées par leurs enfants.

Mais la créature peut avoir la faiblesse de reculer devant l'horreur de ce sacrifice de la vie ! Alors l'influence de Mars devient pour elle la source d'une terreur insurmontable, un maléfice affreux.

Il sera pire encore si, malheureux, affligé par Mars, il abuse de cette influence pour profiter du sacrifice des autres, soit en en exploitant les conséquences à son profit, soit même en les vendant dans l'ignominie de la trahison. Pour celui-là, Mars était nocturne.

Il est une autre cause moins directe du maléfice dans une planète dangereuse.

Mars diurne peut être en *dissonance*, c'est-à-dire astrologiquement, en mauvais aspect avec une autre planète, par exemple avec le Soleil, principe de la vie, de la joie d'être ; l'influencé se trouvera alors sollicité par deux directions contraires ; le sacrifice martial lui paraîtra plus particulièrement difficile ; il sera plus exposé à y faiblir ; la planète Mars deviendra pour lui maléfique, sans cesser, peut-être, d'être diurne. La cause du mal est alors dans la créature qui n'a pas su résister à une *condition de la vie universelle* défavorable pour son individualité en particulier.

On comprend que, dans ce cas, le péril sera d'autant plus fort que l'une des deux planètes sera de nature plus *dangereuse*, plus éprouvante ; c'est pourquoi les astrologues disent que les mauvais aspects des planètes qu'ils nomment bénéfiques sont bien moins néfastes que les aspects de celles qu'ils désignent comme maléfiques : en fait, celles-ci sont des Puissances qui soumettent notre faiblesse à des épreuves plus grandes, précisément parce qu'elles sont les plus hautes.

Il est clair, d'ailleurs, que l'état nocturne d'une planète produit en elle un maléfice analogue à un aspect dissonant, puisque cet état nocturne résulte d'une position zodiacale caractérisée par une planète, influencée par conséquent par elle.

Enfin, dans le même ordre d'idées, il faut observer que, surtout dans l'*astrologie* dite judiciaire (ou propre au sort individuel), nous sommes portés à regarder particulièrement comme *bénéfiques* les planètes qui promettent des avantages temporels : l'argent, les honneurs, l'amour, sans considération des suites que ces promesses peuvent entraîner ; nous disons maléfiques surtout les astres qui font obstacle à ces avantages. Et cependant que de drames, que de tragédies n'engendrent-ils pas la plupart du temps ! Il y a là, en réalité, un abus des mots *bénéfique* ou *maléfique* qui ne correspond pas complètement à leur sens astrologique. L'astrologue s'en garantira, du reste, aisément, en observant avec soin les conséquences attachées aux promesses les plus séduisantes.

Revenons à la définition de nos trois planètes de Feu :

La première à considérer est le Soleil ; sa position dans notre figure de la page 9 (rapprochée de celle de la page 6) nous montre son importance : par cette position même, elle est la plus proche comme on le voit, du pôle de l'Esprit : cela signifie que, si en tant que planète de Feu, elle est à la fois chaude et sèche, elle est pourtant plus chaude que sèche, ou autrement dit plus spirituelle qu'essentielle, et la plus spirituelle des trois planètes de Feu.

Comme le Feu est lui-même l'Élément le plus immatériel, le Soleil, qui s'en rapproche le plus, est la planète la plus importante de tout le septénaire.

On dit même souvent en Astrologie, que le Soleil comprend dans sa signification celle de toutes les autres planètes, comme si elles n'en étaient que le développement. Il y a dans cette assertion une équivoque qu'il importe d'éclaircir ; la nature particulièrement élevée du Soleil demande, du reste, des considérations spéciales.

Le Soleil zodiacal n'est ni le seul, ni le premier Soleil astrologique.

Ce qui le distingue, en effet, de tous les autres astres, c'est sa qualité essentielle d'astre radieux. Elle consiste en ce que son influence s'exerçant par des mouvements ondulatoires produits dans l'espace, elle n'a besoin pour s'étendre ni de son contact, ni de son déplacement. Le soleil est un *centre d'émission de Puissance*, et de ce centre dépend l'existence de tous les astres secondaires qui se trouvent dans son champ d'irradiation immédiat.

Mais il n'est pas un centre unique de cette espèce. Au delà de notre système planétaire, les étoiles innombrables qui illuminent nos nuits sont, nous en avons la preuve certaine, de même nature que lui.

Ces étoiles constituent dans leur ensemble une *nébuleuse* et chacune d'elles s'y meut en orbes semblables à celles qui retiennent nos planètes au centre solaire. Il paraît donc probable que chaque nébuleuse a aussi son Soleil central qui en règle les mouvements.

L'astronomie moderne va plus loin encore; elle admet de plus en plus, d'après ses observations récentes et ses admirables calculs, cette hypothèse de Kant, que l'immensité des cieux étoilés que nous pouvons percevoir et qui nous représente tout ce que nous savons du Cosmos, est la surface plus ou moins épaisse d'une sphère immense, et indéfiniment extensible à travers le Temps et l'Espace. Au centre de cette sphère serait le Générateur de qui elle provient et qui la nourrit encore : Soleil Central du Cosmos, son action toute semblable à celle de notre Soleil ne serait qu'une radiation perpétuelle d'un champ infini par rapport à celui du nôtre. Sa durée aussi serait pour nous un véritable infini : la tradition orientale de l'Inde, en partant de bases purement astronomiques : le Saros ou retour de la même éclipse solaire (en 18 ans) et la précession des équinoxes ; en supputant ensuite les cycles que produisent ces phénomènes, en établissait la hiérarchie comme représentative de la période d'action des différentes Puissances célestes. Elle arrive ainsi, pour la durée de notre Cosmos tel qu'il vient d'être esquissé, au chiffre tout à fait en dehors de nos conceptions, de plus de 55 trillions de nos années solaires : c'est la période qu'ils nomment le Grand Manvantara ; ils y ajoutent sous le nom de Pralaya, une période égale, comme une nuit de ce grand jour, et c'est à la fin de ce double cycle que reprendrait l'Activité créatrice pour ajouter une couche nouvelle à la sphère indéfinie, éternelle du Cosmos.

En admettant même que le Centre de cette sphère, absolument infini pour nous, soit occupé, non pas encore par l'Être même, mais seulement par son *Verbe Créateur (per quem omnia facta sunt)*, celui-ci serait le premier des Soleils concevables pour nous, et le Second par rapport à la Cause Première, le Principe d'activité suprême.

Les Nébuleuses auraient pour centre une seconde manifestation verbale de cette source inconcevable.

Et nos Soleils seraient au moins un troisième degré dans cette immense échelle créatrice.

Cependant il faut descendre un rang de plus dans cette hiérarchie pour arriver à notre Soleil zodiacal : celui dont nous venons de parler comme du troisième Soleil est encore un Soleil spirituel ; il faut se le figurer comme inscrit au centre du cercle zodiacal, ce n'est pas le Soleil domicilié dans le signe du Lion : celui-ci est l'agent réalisateur du précédent, il correspond à la dernière étape de la descente du Verbe vers la matière : il est le Soleil que la Genèse nous dit posé sur le deuxième Firmament, avec les Étoiles et la Lune (Gen. I v. 14); il est le distributeur de la *vie mortelle;* dans le Monde *Élémentaire.*

La religion chrétienne symbolise nettement cette particularité en fixant la *tête du Verbe Solaire,* rédempteur de la Terre, au centre de la croix formée par les axes des Équinoxes et des solstices (naissance du Christ au Solstice, sacrifice à l'Équinoxe), et en inclinant cette tête à droite, c'est-à-dire sur l'axe primitif et spirituel de l'Esprit et de la Matière (voir les figures pages 6 et 9 ci-dessus), position qui nous dit que la rédemption doit nous arracher au monde élémentaire de la vie mortelle, pour nous transporter dans l'immortalité.

La conclusion de ces considérations est que le Soleil qui est le chef supérieur du zodiaque est celui qu'il faut se représenter à son centre, et non le Soleil du Lion (en langage arithmologique on doit dire que celui-ci correspond au nombre 10 et non au Nombre 7, qui est celui du soleil central).

Le nôtre, celui du Lion, est à l'origine du zodiaque, à l'origine de la vie terrestre, de la vie mortelle ; il est le distributeur de cette vie-là, non de celle immortelle ; c'est un Soleil passionnel, le point de départ de l'évolution terrestre qui doit nous mener à la perfection du Soleil central. L'aboutissement de cette évolution est dans le signe opposé à celui du Lion, et il est représenté par cette terrible planète de *Saturne* que l'on accuse de tant de maléfices, par les raisons données plus haut.

Ainsi l'axe véritable du zodiaque, ou pour mieux dire son axe cosmique est le diamètre qui va du premier degré du Lion au premier degré du Verseau. Cet axe est croisé par celui que fixent les deux nocturnes les plus accentués (les passions les plus violentes, celles de Vénus et de Mars nocturnes). C'est un point sur lequel nous reviendrons plus loin ; pour le moment, il n'y a à en retenir que ce qui caractérise le Soleil, à la définition détaillée duquel nous arrivons maintenant.

Le Soleil est le premier principe et le chef du zodiaque parce qu'il est, par excellence, la Puissance distributrice de la qualité essentielle de l'Esprit, la spontanéité ; il nous la transmet sous toutes ses formes : mentale, psychique et physique.

En d'autres termes, il est le principe *vivifiant* de notre Monde, car la *Vie* est, pour la créature individuelle, la capacité de croître, de se perpétuer, de se renouveler sans limites, en se retrempant dans sa source divine d'autant plus aisément qu'elle exerce davantage et plus normalement son activité propre, *acquirit eundo vires*.

La Vie est ainsi le Principe qui rapproche constamment l'être individuel de son Créateur et de l'Être absolu.

Le Soleil, en la distribuant au Monde, ne perd cependant rien de son unité spirituelle. Son action s'exerce sans déplacement, sans division, par la simple irradiation de son centre spirituel.

Il ne déplace pas la créature qu'il anime; il ne la divise pas; il n'exerce sur elle aucune contrainte; il la sollicite par la palpitation de ses ondes amoureuses, toujours prêt à lui rendre à chaque vague qu'il émet les forces qu'elle aurait épuisées en lui répondant, ou à multiplier celles qui lui restent encore. Il la fait ainsi vibrer d'une activité toujours croissante et toujours plus spirituelle. Il la fait éclore et se développer selon sa nature propre; c'est par lui qu'elle *est*, dans toute la force de ce terme.

Il nous apparaît comme l'expression du *Verbe* divin qui se manifeste par l'activité de notre Monde : Il y est la source de tout mouvement rythmé, ordonné selon la pensée divine, de toute harmonie qui en reproduit l'Unité par la Multiplicité.

Dans l'individu même il est, intérieurement, la Conscience de sa propre unité et de son origine divine, le sentiment de son but divin, de son immortalité native; c'est ce que nous nommons notre *Esprit*, le réceptacle de nos *inspirations*; extérieurement, à travers les formes individuelles, il fait palpiter, transparaître, rayonner ce foyer spirituel; il produit ainsi ce que nous nommons la *Beauté*. Dans nos corps il est le principe de tout mouvement vital, le centre de toute activité organique, de tout *rythme*.

L'antiquité le nommait le *Lumineux Dieu* de *Lumière*, le Roi du jour, le gouverneur des saisons et des heures, le chef des Muses, inspirateur des hommes, prêtant au génie les ailes de Pégase, c'est-à-dire le sentiment des harmonies divines. On le disait : *Lumière vivifiante du Feu, Forme des corps*, c'est-à-dire principe et centre de ces formes, leur *Monade* ou *Unité;* le Principe sans lequel la matière fût demeurée dans le chaos; la Puissance omniprésente qui porte les germes de l'état potentiel à l'état d'acte.

Sous les noms d'*Horus*, d'*Osiris*, de *Mithra*, d'*Adonis*, de *Bacchus*, du Dieu inconnu de l'Univers, il était toujours la manifestation, le séjour radieux en notre Monde du Verbe, Fils unique du Père invisible, seul capable de voir son Père au delà de l'Univers sensible et de nous en tracer l'image.

Dans le thème astrologique il sera donc pris comme le symbole de toute vie, universelle ou individuelle; du divin *Moi* de toute créature; du régulateur de toutes les forces cosmiques ou terrestres et par analogie, du souverain, directeur de toute puissance sociale, temporelle ou spirituelle; puis de la souveraineté elle-même, d'où, par extension, de la fortune particulièrement concentrée dans la monnaie, dans l'or. Il représentera encore l'inspiration artistique, la gloire, les honneurs, et dans l'individu le désir de les mériter par les qualités spirituelles de noblesse, de génie, de pensées universelles, vivifiantes.

Au physique il sera l'esprit de l'organisme, la force vitale, puis le cœur qui la distribue dans tout le corps. Il est enfin le symbole de toute lumière, et celui des organes de la vie. On le nomme le *Luminaire* principal.

* **

Mars est la Puissance réalisatrice de la Création : pour le comprendre il faut se rendre compte de l'acte de création lui-même.

Il consiste à faire passer à l'état d'Être non pas le Néant, qui est l'impossibilité d'être, mais seulement le Non-Être, c'est-à-dire le possible qui n'est pas encore.

Le P. Leray, dans son *Essai de synthèse des forces physiques,* donne la notion la plus claire du premier acte de création : Le Non-Être est le Vide absolu, l'Espace, dénué de toute vertu active et de toute sensibilité, de toute initiative, mais qui peut seul fournir les formes individuelles : l'Être lui communique son activité, et ainsi l'éveille pour ainsi dire à l'existence en y produisant le *mouvement,* signe distinctif de la Puissance. L'agent de cet éveil est la Puissance cosmique que nous nommons *Mars.*

Pour la définir, il faut se rappeler les conditions imposées à son action créatrice par les restrictions auxquelles le Créateur lui-même s'est condamné :

Pour laisser au Non-Être le maximum d'activité compatible avec son infirmité originelle, l'Être doit réduire sa propre initiative à la puissance minima.

A cet effet, dit le P. Leray, le créateur limite le

champ de son activité à un espace infiniment petit, emprunté à l'étendue infinie du Vide, et, dans cet espace infime, il ne conserve de sa toute-Puissance qu'une seule manifestation, son ubiquité réalisée par une vitesse infinie. C'est ce qui constitue l'*atome* matériel.

Cependant pour animer la portion de l'Espace qu'il destine à la création, il y multiplie les atomes ainsi constitués, puis il communique au Non-Être, c'est-à-dire à cet Espace, la puissance de faire mouvoir à sa volonté ces atomes infiniment petits : Ce sera le premier acte d'initiative qui arrachera le Vide à son inertie.

Comme le Non-Être ne possède encore aucune pensée, aucune idée autre que celle de ce mouvement, il n'est réglé par aucune direction spéciale : les atomes primitifs se meuvent indistinctement en tous sens possibles ; c'est l'image la plus complète du chaos primitif.

Le Créateur ne répond à ce désordre absolu qu'en y imposant sa volonté par la loi fatale du *Choc* des atomes ; elle y met déjà quelques conditions qui préparent l'ordre futur régulateur du Chaos. Cette première communication d'Activité est, d'après le même auteur, suivie de deux autres analogues, mais un peu plus complexes, et le P. Leray, en appliquant à ces descriptions du chaos originel, prises, comme hypothèses, les calculs empruntés aux lois scientifiques de la mécanique retrouve toutes les lois physiques, chimiques, astronomiques que les observations séculaires de la science ont établies longuement et solidement.

Arrêtons-nous à cette première description ainsi confirmée par la méthode positive et nous allons trouver la définition de la puissance martiale dans ce chaos primitif, comme on peut reconnaître la science éducatrice du père de famille dans les premiers jeux par lesquels il exerce les facultés naissantes de son enfant.

Mars est comme le Soleil une Puissance d'énergie, mais au lieu de ménager, comme celui-ci le fait par la vibration, la créature qu'il amène à la vie, Mars est une énergie dominatrice, contraignante :

Il divise l'Espace en une quantité innombrable d'étendues infimes pour y introduire l'activité qui constituera l'âme des atomes.

Il partage d'autre part l'activité du Créateur lui-même en cette foule de monades qui vont animer les particules chaotiques.

Les atomes sont largement séparés les uns des autres afin d'avoir le champ libre pour le mouvement qui est leur vie même ; chacun alors vit pour soi sans chercher de rapport entre les autres. Le monde dans cet état originel est un amas confus de corpuscules mobiles, tout à fait analogue à la vapeur condensée, au nuage ; nous en voyons la forme cosmique dans la nébuleuse non résolue.

Mars, qui a présidé à sa formation est défini par la Bible comme le *firmament* du second jour qui « sépare les *Eaux d'avec les Eaux* », c'est-à-dire, selon les expresions de notre science moderne, qui condense les fluides spirituels en vapeur aqueuses (Genèse I, v° 6).

A ce titre la puissance martiale est d'abord la Puissance de *division*, de *distinction*, de *multiplication* des individus : Par rapport aux créatures il devient le *principe de leur liberté*, de leur *indépendance individuelle*.

C'est la première forme d'une vie qui est encore sans lumière, sans conscience, sans sentiment, sans amour. Le P. Leray constate dans son exposé, et par ses calculs, que, dans ce premier état, le monde physique est constitué en une masse uniforme animée seulement d'une sorte de mouvement vermiculaire, mais où ne se manifeste ni chaleur, ni lumière, ni électricité, ni attraction.

La vie plus complète y est cependant en germe sous une autre forme, celle du choc des atomes qui se rencontrent, indiquée déjà tout à l'heure. Leur volonté y est aussi étrangère que leur conscience ; *Mars* modifie sans cesse la direction que leur caprice avait choisie ; il amène des nouveaux chocs imprévus ; il multiplie dans la masse les expériences subies par chaque créature individuelle, il provoque chez elle de multiples réactions, une variété d'épreuves qui brisent, contrarient, amortissent ou surexcitent la mobilité qui vient de lui être donnée ; il tend ainsi à faire naître la sensation et la volonté.

Ces accidents causés exclusivement par la volonté du Créateur, par sa pensée que la *loi* exprime et impose inévitable, font de *Mars* l'agent de ce que nous appelons le *Destin*, la *Fatalité*. C'est le correctif des abus de la liberté encore ignorante ; il persistera plus tard pour réprimer ceux de la volonté révoltée.

Il est ici le complément et le régulateur de ce que nous nommons le *hasard*, car le hasard n'est que l'application des lois divines que nous avons provoquées à notre insu ; analogue au mal, il n'a pas d'existence propre ; il est le produit de notre ignorance et de notre présomption.

On sait assez, par l'exemple des temps primitifs de la Grèce antique, quel rôle considérable y jouait le Destin, qu'elle puissance divine lui attribuaient ses *héros*, animés par l'esprit *Martial*.

Dans ce rôle de provocateur du Destin, *Mars* fait plus encore que de séparer et de mouvoir les créatures individuelles, il les oppose les unes aux autres, il les fait entrer en lutte, en concurrence, sous l'effet de la *réaction* que provoque le choc, et nous trouvons ainsi en lui deux principes nouveaux.

Le premier est celui de la réaction égale à l'action et qui l'accompagnera toujours ; il constitue ce que nous appelons la *Force* ; en tous temps *Mars* a été considéré comme le Dieu qui y préside : en fait elle est la manifestation immédiate du destin, la première forme qu'il affecte contre l'exercice de la puissance individuelle.

Le second principe, inverse de celui-ci, est celui qui développera chez la créature les désirs de défendre sa liberté individuelle contre les attaques de ses semblables, et même contre les réponses du Destin, c'est-à-dire le sentiment de sa capacité réactive, le *Courage*.

C'est ce développement qui donne naissance à l'individualité du *Héros* ; celui-ci est en effet l'Homme qui, ayant pris conscience de la puissance divine cachée sous la Force, s'avance contre l'obstacle sous la seule impulsion de cet esprit, sans souci ni de sa propre ignorance, ni des réactions fatales qu'il provoquera par sa lutte : il est prêt à les braver, en en souffrant lui-même autant qu'il le faudra pour manifester la noblesse de sa liberté ; il est prêt aussi à succomber si son adversaire est plus puissant, parce que c'est alors par le destin qu'il périt, non par la défaillance de sa foi.

Arrivé à ce niveau de perfectionnement de la créature qu'anime l'esprit de *Mars*, nous trouvons encore en celui-ci une Puissance suprême et d'ordre tout à fait spirituel, c'est le *Principe du sacrifice*. Il apparaît dans la créature dès que ses facultés, éclairées par l'intelligence, ou simplement animées par la Foi, ont perçu suffisamment la grandeur, la suprématie et la Providence du Créateur.

En effet la révision des différents rôles que nous venons de constater dans l'activité de *Mars* fait assez voir qu'elle comporte toujours quelque sacrifice de la part de ceux qui y sont soumis ; sa Puissance contraint par le Destin ceux que l'Amour ou l'Intelligence n'ont pas encore persuadés :

Le Créateur lui-même commence son œuvre par le sacrifice en se livrant à *Mars* pour s'opposer comme Être à l'inertie du Non-Être, et s'y livre en réduisant sa Puissance au minimum, comme on l'a vu tout à l'heure.

C'est ensuite au Non-Être que *Mars* demande le sacrifice de son infinie étendue pour l'occuper, la diviser, la subdiviser et l'animer de son mouvement.

En troisième lieu, par le Destin il demande à la créature le sacrifice au moins partiel de la liberté qui lui était donnée avec la vie et qu'elle croyait illimitée. Aussi dès que les réactions fatales lui font sentir la domination correctrice du Créateur, les hommes ont eu la pensée de prévenir la souffrance en offrant à Dieu, volontairement, le *sacrifice* d'une partie de leur bien, soit pour satisfaire d'avance les châtiments du destin, soit comme expiation de leurs erreurs, soit même comme simple déférence, comme preuve de vénération envers la Puissance divine.

Le sacrifice s'applique à tout ce que la créature a pu recevoir par l'influence active de Mars : les fruits de son activité propre ; les prémisses des biens dus à son travail ; ce travail lui-même employé pour une assistance providentielle à ses semblables, depuis l'aumône simple jusqu'au dévouemeut le plus complet pour son prochain, sa famille, sa patrie, sa foi.

Généralement le sacrifice est destructeur de la chose offerte et destructeur plus ou moins complet ; aussi l'instrument du sacrifice est-il souvent le Feu, élément générateur de *Mars*, et la *Mort* en est le but.

La *Mort*, mot terrible qui, à lui seul, évoque la Puissance redoutable de *Mars !* La Mort est cependant une nécessité fatale de la vie individuelle, du moins pendant un long cycle de l'évolution des créatures.

L'Être Divin se livre progressivement, en ondes réglées par son infinie Sagesse, parce qu'il ne pourrait pas accepter une portion indéfinie de l'Inerte, du

Non-Être, sans l'écraser de sa Puissance, sans l'annuler au lieu de le vivifier et de s'unir à lui dans la gloire de la création.

De son côté la Matière à peine arrachée à son inertie native n'est pas en état de mesurer la part qu'elle peut prendre en cette harmonie ; l'enthousiasme de son éveil l'éblouit et l'emporte aveuglément au delà des limites d'une puissance qu'elle ignore encore. Il faut que la créature individuelle soit réprimée, et cette nécessité durera jusqu'à ce que son éducation, confiée à la Nature avec le frein du Destin, l'ait élevée jusqu'à l'intelligence de la Pensée divine.

Jusque-là *Mars* réprimera les élans exagérés de ses aspirations en repoussant vers le Non-Être, pôle de son origine, tous les atomes égarés dans l'exaltation. C'est ainsi que, dans la distillation de nos laboratoires, nous voyons les particules grossières qui s'attachaient aux vapeurs subtiles retomber de tout le poids de leur masse au fond de l'alambic ; ou, encore, dans nos combinaisons chimiques, la Nature refuser tout ce que nous offrons à l'union d'affinité au delà des proportions fixées par la loi divine.

C'est cet arrachement du grossier accroché au subtil dans la sublimation de la vie spirituelle qui constitue la *Mort* de l'être mutilé : *Mars* en est l'agent et c'est pour le salut même de la victime qui accomplit ce sacrifice.

Il est imposé à toutes les créatures des trois règnes inférieurs parce que c'est seulement au stage de l'Homme qu'apparaît la capacité d'en comprendre le but, et la liberté de refuser avec lui l'union divine qui doit le faire immortel.

Plus on est loin de ce stage, plus la mort s'impose, et plus le désordre chaotique du résidu révèle la nécessité de cette mutilation. Nous en avons un exemple commun dans l'amas confus des premières roches géologiques engendrées dans le feu de *Mars*.

Si l'Homme est exposé à la Mort comme l'animal, on sait que la cause en est dans la régression qui a constitué sa chute. Mais son intelligence et sa raison lui font comprendre cette misérable conséquence, et dès ce moment il accepte toutes les épreuves douloureuses de la Vie terrestre comme un sacrifice volontaire qui doit le libérer au jour de la Mort et lui rendre son immortalité : il devient mystique. *Mars* est pour lui *le transformateur divin*.

Il y a d'ailleurs une cause de Mort autre que l'illusion et l'ignorance de la créature ; cette cause, inverse de la précédente, et bien plus grave, prend naissance dans les régions célestes : Un ministre de la Volonté divine, missionné par Elle pour la seconder dans l'acte de création, peut se laisser égarer par un ambitieux orgueil et tenter de se substituer à son Créateur dont il se croit l'égal. On reconnaît ici la révolte des Titans, ou celle de Satan ; nous aurons l'occasion d'en reparler à propos de Mars nocturne : il suffit d'en indiquer les conséquences.

Abandonné à sa vanité, le révolté est plongé précisément par elle vers le pôle du Non-Être qu'il compte s'assujettir et sa puissance limitée, si grande qu'elle soit, s'épuise sans résultat dans la douleur d'un long anéantissement : Le Titan est écrasé sous le poids des masses granitiques du chaos; Satan est plongé dans les régions extrêmes de l'Inertie *in infera;* *Mars diurne*, le transformateur, l'ange de la Mort salutaire, lui apparaît sous la figure terrible du sacrificateur, de l'*Archange Michael.*

Ainsi, en résumé Mars diurne doit être pris comme la *Puissance* chargée de toutes *les divisions, les distinctions, les multiplicités* inhérentes à l'acte de la Création;

Comme le principe de la Mise en mouvement, c'est-à-dire de la *Force*, et de la *Force* qui s'impose, de la Force, génératrice de *Résistance ;* de la *lutte contre les résistances* de l'inertie.

Dans la vie du Cosmos, il joue le rôle de *Destin, de Fatalité*, qui réprime les écarts de liberté de la créature ; le *hasard* est le résultat de cette Puissance quand elle dépasse notre intelligence.

Pour les individus, il est le *générateur* de *toutes* les *énergies* physiques ou psychiques, de la circulation sanguine et du Courage ; il fait les *Héros*, les caractères chevaleresques.

Il est enfin le principe du *Sacrifice*, le grand *Transformateur* qui, dans l'évolution vers la perfection, dégage tout le sublime des éléments encore grossiers, pour les replonger dans le creuset de la vie animale ; il est l'*Ange de la Mort*. Il peut se caractériser d'un mot : la Vertu (*Virtus*).

Jupiter est la troisième des Puissances qui appartiennent à l'élément du *Feu.*

On a déjà dit qu'il représente la synthèse des deux autres ; il est le distributeur de la *Vie Solaire* et de la *Force* martienne; il les joint en une seule influence harmonieuse et féconde en réglant les mouvements de la Force de façon qu'elle assure au mieux le cours de la vie. L'exemple d'une pareille action nous est fourni clairement par son fonctionnement dans le monde physique :

Nous avons vu plus haut que l'activité *solaire* est caractérisée par la radiation d'un centre qui émet ses ondes lumineuses et vivifiantes sans se déplacer, tandis que l'action de *Mars* suppose un mouvement continuel dont la direction peut varier, mais dont chaque fraction obéit toujours à la ligne droite.

On sait que c'est la combinaison de ces deux monvements qui produit le cours des planètes sur leur orbite, en ramenant à chaque instant vers le centre immobile du Soleil, la direction de la force centrifuge toujours tendue dans le sens de la droite perpendiculaire au rayon émané du centre. La Puissance de Jupiter se manifeste dans la résultante de ces deux forces contrariées et les rassemble dans la courbe harmonieuse de l'orbite fermée, source des saisons et de toute la vie planétaire.

Ainsi l'on peut tout d'abord définir *Jupiter* comme le distributeur et le régulateur de la Vie cosmique, assujettie, dans sa liberté, à la tutelle vivifiante du centre solaire. Il participe de ce centre par la *circulation* qu'il donne à la vie pour lui offrir une variété infinie. Il exerce, d'autre part, la Force rectificatrice et fatale que nous avons vue caractéristique de Mars pour réprimer les écarts du mouvement libre qui se perdrait dans le vide infini des espaces.

C'est ce que la mythologie payenne a caractérisé par le symbole de Jupiter, père des hommes et des dieux mêmes, ministres divins, en l'armant de la foudre, pour qu'il puisse, dans son rôle d'éducateur, châtier les erreurs ou les révoltes individuelles.

Mais cette définition est loin d'être complète, elle laisse dans l'ombre toutes les ressources attribuées à Jupiter pour accomplir ce rôle de régulateur cosmique de la création, et, par suite, la plupart des éléments constitutifs et caractéristiques de sa puissance.

Pour le comprendre, il faut revenir encore un peu aux origines du Cosmos :

Nous étudions en ce moment les Puissances qui appartiennent à l'Élément du Feu, c'est-à-dire celles qui sont engendrées par *l'Esprit* lorsqu'il s'abaisse vers la *matière*, pour l'acte de création, en descendant d'abord au rôle d'*Essentialisateur*. Mais cet abaissement n'est pas le seul qui le rapproche, de sa complémentaire réceptive; il en subit en *même temps* un autre, celui qui correspond à la *Substance,* et qui engendre l'Élément de l'*Air* (voir les pages 6 et 7 ci-dessus) : Or la *Substance,* faculté donnée à la créature de persévérer indivisible à travers toutes ses transformations (voir page 5 ci-dessus), est la Conscience du *Moi,* cette lumière divine donnée à tout être qui naît en ce monde.

En d'autres termes, par la création, l'individu ne reçoit pas seulement la *Vie* et la *Force* qui lui donnent le mouvement; il reçoit aussi le sentiment du rôle qu'il doit jouer pour manifester l'*Esprit divin*; autrement dit, cette étincelle caractéristique de son être individuel qui constitue son *Verbe*.

Par conséquent, à côté du *Soleil* que nous avons décrit d'abord comme la manifestation réelle de l'*Esprit*, par l'Élément du *Feu*, nous devons en placer une seconde qui suit immédiatement celle-là, ou même qui l'accompagne, comme aussi voisine de sa source divine, mais qui appartient à l'Élément substantialisateur *de l'Air*. Cette manifestation auxiliaire du Soleil est la Puissance de SATURNE (diurne).

Il sera facile de se rendre compte de cette simultanéité par la figure ci-jointe (qui développe et détaille celle donnée ci-dessus, page 9, pour l'explication des éléments).

On y voit Saturne placé symétriquement au Soleil par rapport à l'axe spirituel de la figure (celui qui va de l'Esprit à la Matière). Cela représente Saturne comme jouant dans l'Élément de l'Air, un rôle semblable à celui qui appartient au Soleil dans l'Élément du Feu ; c'est-à-dire qu'il y a la première place comme distributeur de Lumière: Après lui, sur le même rang, en similitude à Mars, se trouvera *Jupiter nocturne*, celui qui éclaire la voie pratique, la direction à donner à la Force (1), comme il sera expliqué plus loin.

---

(1) Dans la figure de la page 9 ci-dessus, Vénus occupe la place de Neptune nocturne et inversement ; ces deux dispositions sont possibles et ont des significations différentes que l'on expliquera plus loin. C'est celle de la présente figure qui est applicable actuellement.

Ils trouveront l'un et l'autre leur synthèse en Mercure (Toth-Hermès, ☿), l'intelligence individuelle.

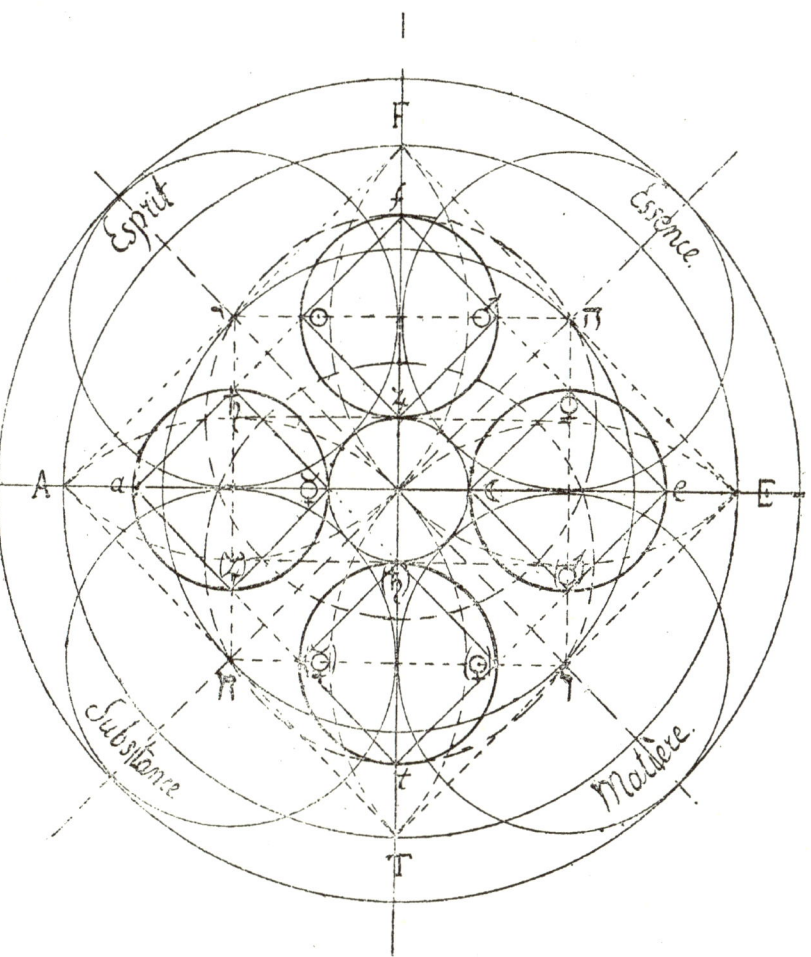

Et cette Trinité d'Air correspondra à celle du Feu, de l'autre côté de l'axe spirituel de la figure.

On aperçoit déjà par la figure même que les planètes synthétiques, Jupiter et Mercure, sont sur les deux axes des éléments FT et AE, tandis que les deux autres, celles qu'elles unissent, sont placées symétriquement par rapport à ces mêmes axes, en même temps qu'elles trouvent dans l'Élément voisin leurs symétriques respectifs par rapport aux axes spirituels (ainsi le Soleil est symétrique de Mars par rapport à l'axe FT et de Saturne, par rapport à l'axe de l'Esprit à la Matière).

On observera que ces dispositions se répètent pour les deux autres Éléments, l'Eau et la Terre, de sorte que les deux premiers principes de chaque Élément : ☉, ♂, ♄ (♃) etc… sont tous reliés entre eux et forment une sorte de chaîne fermée, qui renferme en son milieu les Principes synthétiques. ♃, ☿ et ☾ (♄).

La position de ces derniers les représente en même temps, d'abord comme un reflet, une reproduction inférieure de l'Élément sur l'axe duquel ils sont posés (♃ du Feu, ☿ de l'Air, etc…), et en second lieu comme un trait d'union entre tous les autres : par exemple, on voit Jupiter joindre Mars (la Force) à Mercure (l'Intelligence), ou encore le Soleil (émanateur de la Vie) à la Lune (la Nature), rassemblant en soi la synthèse de ces quatre astres, et aussi celle de Saturne à sa gauche, qu'il unit à Vénus à sa droite.

Son rôle s'en trouve considérablement agrandi et il faudra, pour le définir, tenir compte de toute cette symétrie. On la retrouvera d'ailleurs dans les trois autres Principes synthétiques : Mercure, la Lune et Saturne diurne.

Si cette symétrie générale de notre figure est artificielle, elle n'aura que la valeur d'un symbole et il faudra justifier la réalité qu'il représente ; avant d'aller plus loin nous devons donc rechercher la cause réelle de cette disposition.

CHAPITRE II

CRÉATION DES ÉLÉMENTS

Remontons jusqu'au moment où le quaternaire céleste : Esprit — Essence — Substance — Matière, se dispose à l'acte de création : il se resserre, se condense pour ainsi dire, sur les quatre branches de sa croix en quatre centres symétriques que notre figure représente par les quatre lettres du nom sacré : Iod-Hé-Vau-Heh. (Voir la figure ci-dessus, p. 39).

Dans cette position le centre spirituel, l'Actif par excellence, commence ses ondulations émanatrices ; elles sont, comme on vient de l'expliquer, l'une de Vie, chaleur et mouvement (par le Soleil), l'autre de Lumière (par Saturne) et les deux centres d'Essence et de Substance y répondent par des ondes égales pour manifester le double influx divin.

De son côté la matière réagit dans la même proportion par une ondulation pareille.

Ce quadruple rayonnement offre deux moments particulièrement remarquables :

1º Celui où chaque onde entre en contact avec ses deux voisines. Nous les représentons par quatre cercles (pointillés) décrits sur les quatre lettres du nom divin comme centres, et tangents deux à deux.

Ce contact représente le début des Éléments, le premier moment de leur création ; puisque l'union du cercle émanateur de l'Esprit avec celui de l'Essence constitue par définition le *Feu ;* et ainsi des trois autres (voir pages 6 et 7 ci-dessus). On représente ici ce premier temps de création par les deux axes des Éléments, F T et A E (à 45° par rapport aux axes spirituels).

2° Le second temps remarquable est celui où les quatre cercles d'ondulation se rencontrent tous ensemble, ce qui a lieu quand ils ont atteint le centre de la figure, qui est aussi celui du carré primitif, et des axes de toute nature.

Alors, ces cercles se sont pénétrés deux à deux, achevant pour ainsi dire de donner un corps aux Éléments par la surface qui leur est commune. Ce corps est représenté (en pointillé) par la rosace à quatre feuilles que produit cette pénétration.

Examinons en particulier le résultat de cette seconde position ; d'abord entre les deux ondes de l'Esprit et de l'Essence :

La région occupée par la feuille de rosace constitue le corps réel de l'Élément Feu (Esprit joint à l'Essence). En dehors de cette feuille, le reste du cercle de l'Esprit (jusqu'à l'axe spirituel) appartient à l'Esprit seul ; mais il y est coloré graduellement par le *Feu* de la rosace ; il représente l'Esprit du Feu, la manifestation la plus rapprochée de son origine, c'est-à-dire la production de la Vie : le Soleil. Nous le placerons donc sur cette limite, au contact de la feuille de la rosace, c'est-à-dire au contact du cercle d'Essence étendu jusque-là.

De même, dans le cercle de l'Essence, au contact de la rosace, c'est-à-dire sur le bord extrême de l'onde spirituelle, nous figurerons la pénétration de l'Esprit dans la portion du cercle où règne l'Essence ou faculté d'Être ; or ce que l'Esprit apporte ici, c'est la *Puissance* d'être, par définition : *Mars* par conséquent.

Un raisonnement tout semblable nous montrera une position pareille pour Saturne et Jupiter nocturne, qui seront définis plus loin.

Et ainsi pour les deux autres Éléments de l'*Eau* et de la *Terre*, nés au contact de la *Matière* avec les deux Principes voisins.

Quant aux planètes synthétiques, puisqu'elles rassemblent les précédentes, leur place est sur l'axe d'Élément qui leur correspond, mais plus bas, car, leur nature étant plus complexe, ils représentent une création plus avancée en réalisation.

Par exemple, Jupiter, synthèse du Soleil et de Mars, sera au-dessous d'eux sur l'axe du Feu, comme rassemblant les deux créations propres à l'union primitive qui constitue le Feu.

Pour représenter cette signification, on place ici Jupiter au bas d'un cercle tracé sur la ligne Soleil-Mars comme diamètre, et sur le diamètre vertical que l'axe du Feu trace dans ce cercle.

On inscrit au haut de ce même axe vertical une répétition de la désignation du Feu que cette rosace représente, et l'on obtient ainsi un quaternaire qui représente dans le Feu, le processus exprimé par le quaternaire primitif; c'est-à-dire les deux productions de l'Esprit dans le Feu (Soleil et Mars), et leur synthèse réalisatrice (Jupiter).

C'est pour faire ressortir ce quaternaire sur notre figure, qu'on lui a circonscrit un cercle; il représentera spécialement le Cercle du Feu et ses Génies Planétaires.

Un développement analogue produit les trois autres cercles de l'Air, de l'Eau et de la Terre, comme on les voit sur la figure.

Entre eux, au centre, il reste un espace libre, signalé par un cercle tangent aux quatre autres et dont l'importance très grande va être bientôt expliquée.

Pour achever de comprendre ce processus dans son unité, reprenons-en l'ensemble et fixons-en les phases sur la figure.

Le Quaternaire primitif, manifestation de l'Absolu au seuil de son œuvre créatrice, sera représenté dans son unité par le cercle le plus extérieur, décrit sur le centre de la figure totale.

Nous trouverons ensuite sa reproduction dans le quaternaire des Éléments, nés du premier contact des quatre ondes; on le voit tracé en F, A, T, E.

En troisième lieu viendra le cercle qui rassemble les quatre lettres du nom sacré et se trouve inscrit dans le carré formé par les axes des Éléments. C'est à l'intérieur de ce cercle que se trouvent les cercles secondaires portant les Principes que nous cherchons à connaître. Ils y sont tous avec leur redoublement nocturne (1).

Enfin il reste le petit cercle intérieur, vide, signalé tout à l'heure ; il rassemble les quatre synthétiques, manifestation ultime des quatre éléments, et, par conséquent, dans son unité, la dernière création d'un cycle, celle de l'*Homme* chargé de réaliser, dans le Monde, le Quaternaire primitif pour le présent cycle.

C'est pourquoi ce quaternaire reproduit les deux premiers : Sa tâche est d'en répéter le jeu par son action propre. Le but ainsi visé, l'idéal à réaliser dans ce cycle sera un quaternaire d'ordre suivant, plus condensé, plus complexe, plus rapproché de la réalisation dernière.

Cependant celle-ci ne peut être atteinte qu'à l'infini des temps, car le quaternaire humain produira comme celui-ci un nouveau vide plus petit, mais indestructible, comme une progression décroissante sans limites.

Nous avons donc ici une image complète de la Vie divine représentée pour un seul de ses cycles, avec la formation des Puissances Cosmiques chargées d'y participer.

Revenons à ces Puissances objet de nos recherches actuelles.

Le caractère synthétique attribué par l'article précédent à *Jupiter* comme centre de toutes les autres

---

(1) Ici se trouve le passage du 4 au 7 et au 12, c'est-à-dire la Série des nombres divins, ou descente du Verbe jusqu'à la Vie terrestre.

planètes diurnes nous oblige à remettre sa définition complète après l'étude de celles qu'il relie. Pour en faire du moins ressortir l'ensemble on a tracé sur la figure de la page 39, un cercle (pointillé) dont Jupiter est le centre et dont le rayon est fixé par sa distance aux lettres du Nom divin.

Nous le nommerons le *Cercle du Pouvoir*. On voit qu'il renferme toutes les planètes diurnes.

La même observation s'appliquera à *Saturne nocturne*. On l'a pris comme centre d'un cercle de même rayon que le précédent, et qui portera le nom de *Cercle de l'Action*, Saturne étant le réalisateur de la Pensée divine, comme on va le rappeler. On voit que ce cercle embrasse tout l'ensemble des planètes nocturnes.

Il y a deux autres cercles de même rayon centrés sur les deux autres planètes (☿, ☽) que porte le plus petit cercle intérieur, savoir *Mercure* et la *Lune*; on ne les a pas tracés sur la figure pour la compliquer le moins possible, mais il est facile de se rendre compte de leur contenu : chacun d'eux embrasse trois des planètes diurnes sus-énoncées et quatre des planètes nocturnes. La définition précise de leurs deux centres (*Mercure diurne* et la *Lune*) exige une fois de plus l'étude préalable des autres planètes qu'ils unissent et synthétisent.

L'ordre de notre étude se trouve ainsi déterminé :

Nous devrons commencer par l'étude des huit Puissances planétaires portées sur le troisième cercle réalisateur (celui inscrit dans le carré des éléments et tangent aux quatre lettres du Nom divin);

la définition des quatre planètes posées sur le petit cercle intérieur (♃, ☿, ☾ et ♄), ne viendra qu'en dernier lieu ; elles sont d'un ordre plus concret et résument les autres en les condensant (1).

Laissons donc Jupiter pour le moment, et passons à l'étude sommaire des deux planètes extérieures de l'Air, Saturne diurne et Jupiter nocturne.

Elles vont nous amener à des considérations supplémentaires sur le role des *Éléments*.

*
* *

Saturne diurne est la première planète du cercle de l'*Air;* elle y occupe une place tout à fait analogue à celle du Soleil dans le cercle du *Feu;* aussi, comme ces cercles sont symétriques par rapport à l'axe spirituel (tracé de l'Esprit à la Matière, figure p. 39), de même Saturne est symétrique du Soleil à l'égard du même axe.

Cette symétrie de position correspond à une analogie de rôles qui les fait complémentaires l'un de l'autre : Avec les Planètes de Feu nous avons étudié les radiations émises par l'Esprit pour réaliser l'*Essence;* dans les planètes d'Air nous allons avoir les radiations spirituelles réalisatrices de la *Substance*.

Si donc Saturne occupe dans l'Air le même rang

---

(1) On voit, en effet, par la description des quatre cercles concentriques de la figure donnée p. 39, qu'en somme on aura décrit : avec le cercle le plus extérieur, les quatre *Principes cosmiques fondamentaux* — avec le second cercle, les quatre *Éléments*, — avec le troisième les Puissances célestes du Monde physique, celles *divines* et celles *naturelles*, et que le petit cercle central fera connaître la Constitution céleste de l'*Homme*.

que le Soleil dans le Feu, sa fonction va différer de celle de ce dernier comme la substance diffère de l'Essence, on pourrait dire, toutes proportions gardées, comme le corps diffère de l'âme.

Par l'*Essence*, le *Feu* doit donner à la créature la faculté d'*être*, c'est-à-dire d'arriver au plus haut degré de réalité et de durée (Voir p. 7 ci-dessus).

Par la *Substance*, l'*Air* doit donner à la créature individuelle la faculté de rester constamment indivisible.

Or, si la persistance de l'être, quel qu'il soit, dépend de la *Puissance* divine qui lui est donnée, la persistance de l'*individualité* lui vient de la *Pensée divine* qu'il a pour fonction spéciale de représenter dans le monde réel; c'est elle qui produit et conserve le *Soi* de chacun de nous; cette conscience de notre unité que nous essayons d'exprimer par notre *nom propre*.

La première conséquence de ces observations sera d'attribuer à Saturne un caractère d'*unité* indissoluble.

D'ailleurs, en tant qu'analogue symétrique au Soleil, il en possède, dans la forme de sa vie, les deux propriétés fondamentales : l'*immobilité* et la *vibration*. Centre immobile, il agit à distance par mouvement ondulatoire.

Mais sa symétrie avec le Soleil devient inverse quand il s'agit de leur fonctionnement;

Le Soleil, en rayonnant, expanse sa puissance vitale, et la met à nu pour ainsi dire; il est créateur, actif, centrifuge.

Saturne, dans son mouvement vibratoire, attire, absorbe la Pensée divine et transmet ce pouvoir spécial d'absorption ; il est réceptif, astringent, centripète ; il enveloppe de sa substance condensatrice la Pensée créatrice ; il l'incarne, la personnifie.

Le monde physique nous fournit de ces deux fonctions inverses plusieurs exemples très nets qui vont aider à les faire comprendre.

On les trouve d'abord dans la lumière : le Blanc, qui en est la synthèse, et le Jaune qui s'y rattache dans le spectre solaire, sont éclairants, producteurs de vibrations lumineuses : Le Violet, l'Ultraviolet, le Noir, neutralisent, absorbent ces mêmes vibrations.

De même pour la Chaleur, les surfaces noires sont absorbantes, les blanches en sont émissives ; et plus la couleur ou la surface s'éloignent du blanc ou du poli, plus l'absorption est prononcée, dans des proportions que la Physique apprend à mesurer.

Notre Soleil physique nous fournit aussi un exemple frappant des effets de ce contraste : les jets enflammés qu'émet la surface incandescente, se condensent en se refroidissant à mesure qu'ils s'éloignent de leur centre d'émission ; reprenant ainsi leur masse lourde, ils retombent vers le centre qui n'a cessé de les retenir, par le froid astringent que Saturne représente ; leur chute produit alors, dans l'Atmosphère enflammée ces énormes cyclones qui en bouleversent la profondeur et qui nous apparaissent sous la forme des taches solaires.

Les mêmes phénomènes propres à tous les milieux

fluides représentés par l'Élément de l'*Air*, se représentent dans notre atmosphère terrestre et en produisent les mouvements variés, depuis le simple brouillard jusqu'à l'ouragan dévastateur.

Un exemple plus saisissant encore que ces phénomènes gigantesques se trouve dans la double manifestation de l'électricité, positive ou négative. Nos sciences l'expliquent par l'existence d'une atmosphère d'éther condensée autour de chaque atome comme notre air l'est autour du globe terrestre. L'action vibratoire de l'atome sur cette atmosphère peut avoir deux directions inverses ; elle est centripète ou centrifuge, et c'est de cette différence que dérivent les deux sortes d'électricité qui se repoussent ou s'attirent selon qu'elles sont de même sens ou de sens contraire.

Nous allons bientôt voir dans la génération des Puissances qui nous occupent une application importante des courants électriques, qui viendra corroborer l'opposition signalée dans l'activité de nos deux Puissances Solaire et Saturnienne.

Pour achever de comprendre cette génération des Puissances planétaires il est nécessaire de rapprocher Saturne de la Planète qui le suit dans le cercle de l'Air.

Cette planète est restée indécise jusqu'ici dans le présent exposé : Dans notre figure de la page 39, c'est *Jupiter nocturne* qui occupe le second rang dans le cercle de l'Air ; dans la figure de la page 9, cette place était attribuée à *Vénus diurne*, et la justification de cette différence a été promise par une note au bas de la page 38 ; c'est maintenant le lieu de fournir cette explication.

*
* *

Il est partout affirmé que Vénus diurne appartient à l'Élément de l'Air tandis que Jupiter nocturne dépend de celui de l'Eau ; il n'y a aucun doute sur ce point confirmé par la distribution zodiacale des planètes. Commençons donc par admettre que Vénus doive succéder à Saturne dans la hiérarchie des Puissances planétaires et dans le cercle de l'Air ; — et voyons ce qui va en résulter ?

Notre figure (p. 9 ou p. 39) n'est pas un schéma imaginaire composé pour la facilité de nos recherches ou de notre exposition ; il correspond à une réalité, celle de l'ordre observé dans la formation des Puissances planétaires par l'Esprit qui les produit ; cet ordre est d'importance primordiale parce qu'il établit la chaîne hiérarchique propre à rassembler sur la Matière en union harmonieuse et vivante, les deux influx parallèles de la Pensée et de la Puissance divine (1).

La proportion de spiritualité que les planètes reçoivent dans cette série est en raison inverse de leur distance à la source commune, puisque cet éloigne-

---

(1) Cette figure schématique n'est pas complètement exacte, elle devrait retracer l'influx spirituel non dans un plan mais dans les trois dimensions de notre monde ; la représentation complète en est donnée dans l'ouvrage en préparation ; dans celle fournie ici, sur un plan, la troisième dimension se trouve figurée en projection, c'est ce qui a paru préférable pour simplifier les explications sans les fausser.

ment mesure aussi leur matérialité, et, par conséquent, leur capacité d'absorption à l'égard de l'influx spirituel.

Si, dans cette distribution hiérarchique, *Vénus diurne* doit suivre *Saturne*, dans le cercle de l'Air, il en résultera que tout le côté gauche de la figure, celui correspondant à l'influx de Pensée divine, sera occupé exclusivement par des Planètes réceptives, savoir ♀, (☿), (♀). Au contraire tout le côté droit, celui de l'influx des Puissances, ne comportera que des Planètes actives : ♂, (♃) et (♂).

Comme, de chaque côté, leur série est de plus en plus matérielle, elle représentera, dans son ensemble, une sorte de double canal conique par où se fera la distribution spirituelle et dont les deux pointes se rassembleront sur la Matière, l'amincissement de ce canal correspondant à l'incapacité croissante des créatures; c'est sur la matière seule que se produira l'union des deux courants de Puissance et de Pensée.

Or, en ce point ils auront leur minimum de quantité et d'énergie, minimum à peine capable de purifier et de coordonner le Chaos Matériel. Celui-ci ne participera donc à la vie spirituelle qui lui est destinée que dans une proportion à peine sensible.

Surmonté par une suite de cieux toujours doubles (♄ et ☉ — ♂, et ♀ etc.) qu'il sera tout à fait impuissant à pénétrer, le monde physique restera, par rapport au Monde des hiérarchies célestes dans une incurable infériorité qui fera de lui le séjour éternel de l'imperfection, de la souffrance et du mal, en opposition irrémédiable avec la félicité sans fin de la Perfection absolue.

Cette constitution du Cosmos a ses partisans ; c'est celle adoptée par la Cosmologie du *Gnosticisme*, mais ce n'est pas celle que représente le Zodiaque. Celui-ci, en effet, fait à travers ses signes une alternance continuelle de la Planète active avec la réceptive : L'union des complémentaires y est périodique, successive et progressive, comme on le montrera plus loin; l'Esprit, dans sa descente vers la Matière est absorbé tout entier, à chaque onde vibratoire de son influx, par la créature de chaque hiérarchie selon sa capacité, et réalise dès ce moment son union avec son complémentaire du même ordre ; c'est ainsi que, dans notre corps, l'énergie vivifiante du sang est absorbée, sur tout son parcours, dans la double forme de la force vitale et de la substance plastique réparatrice du muscle.

Pour représenter une semblable distribution au lieu de celle gnostique, il suffit de substituer, dans la figure de la page 9, la planète *Jupiter nocturne* à la planète *Vénus diurne* et réciproquement. C'est ce qui a été fait dans la figure de la page 39. Il est facile d'y constater que l'union en dualité s'y accomplit tout du long de la hiérarchie, à droite entre ♂ et ♀ diurnes ; entre ♂ et ♀ nocturnes ; à gauche entre ♄ et (♃) ; entre ☿ et (♀).

Avant d'expliquer plus en détail comment cet ordre assure la distribution complète de l'influx, il est curieux de rapprocher la substitution qui vient d'être indiquée, de la fable bien connue de la Cosmogonie grecque.

A l'origine se trouve le couple de *Saturne* et de

Rhéa; c'est la dualité des deux planètes d'Air, Saturne et Vénus, toutes deux du courant réceptif (fig. p. 9). Saturne est représenté comme dévorant ses enfants à leur naissance ; c'est l'image du canal conique décrit tout à l'heure ; à mesure que Saturne transmet l'influx à la planète suivante, il en conserve en soi une partie et ne fournit que le reste ; de sorte que la dernière planète ne reçoit qu'une portion inutile à la vie de la Terre ou *Ghè*, dernière épouse ou dernière fille de Saturne.

Rhéa remédie à cet égoïsme destructeur en substituant au dernier enfant (à Ghè), Jupiter nocturne, principe actif, capable de résister ou de rester indifférent au crime paternel ; telle est la *pierre* de la fable grecque, et Jupiter diurne est mis au jour pour détrôner son père : On remarque en effet sur la figure (p. 39) que c'est à travers Jupiter, centre du cercle de Puissance que se fait la substitution de Jupiter nocturne à Vénus.

**

Mais revenons à notre sujet principal et suivons maintenant l'influx spirituel dans sa distribution : Prenons-le d'abord du côté de la Pensée divine, objet de ce chapitre :

A chaque onde, *Saturne* a reçu la totalité de l'influx qu'elle comporte ; il doit le communiquer à une créature active afin qu'elle en tire une première réalisation vivante et harmonieuse.

La créature active correspondant au rang de ce second dépositaire est Mars diurne (fig. p. 39) autrement dit l'accomplissement de la volonté divine est confié à l'énergie du Pouvoir (fig. p. 9). Mais Mars est du même ordre que Saturne, en ce qu'il appartient comme celui-ci à l'un des deux Éléments spirituels, Air et Feu ; par lui l'Esprit ne sortirait pas de son domaine, il ne se mettrait pas en contact avec la Matière.

Pour descendre utilement jusqu'à une première phase de l'union d'harmonie il faut qu'il s'abaisse encore d'un degré, vers le cercle de l'Élément d'Eau ; c'est ce qui justifie l'assertion énoncée plus haut que le Feu crée en s'unissant à l'Eau. La première des Puissances de cet ordre à offrir à la Pensée divine sera nocturne (par l'Eau), mais elle devra être aussi la première de ce cercle afin de se montrer la plus apte à recevoir l'influx divin.

Or celle-là est bien *Jupiter nocturne*, comme le montre la figure page 9.

Nous pouvons déjà la préciser davantage : La figure de la page 39, où elle occupe sa place normale, nous la montre symétrique à Mars diurne, par rapport à l'axe spirituel. Elle représente donc la Puissance contraignante. Seulement elle est reliée à Mars par le Centre du grand cercle du Pouvoir, c'est-à-dire par Jupiter diurne. Elle est donc une Puissance Jupitérienne de nature martiale. Son rôle consistera à régler, à discipliner chez la créature la manifestation réalisatrice de la Pensée divine.

Si nous passons maintenant à l'influx de droite, c'est *Vénus diurne* que nous trouvons en face de la Puissance de Mars. On est alors en présence, dès la première onde spirituelle, d'une formation d'ordre supérieur, ce qui pourra sembler une contradiction à la hiérarchie annoncée et un retour à la doctrine gnostique.

C'est qu'en fait Vénus Diurne, aussi bien que Jupiter nocturne, sont rapprochés de la source spirituelle non comme des créatures chargées d'un rôle divin, mais comme des créatures évoluées ; leur élévation n'est pas originelle, elle est conquise par l'effort à travers le temps, avec le concours des êtres célestes supérieurs. La chaîne de distribution spirituelle que nous étudions est double, elle comprend deux sortes de Puissances accouplées : les Involutives et les Évolutives.

C'est un dernier trait essentiel de la description cosmogonique ; le développement doit en être remis au chapitre suivant.

CHAPITRE III

EXPANSION DES ÉLÉMENTS

Jusqu'ici les Puissances que nous cherchons ont été tirées exclusivement de leur origine spirituelle ; il convient maintenant de suivre leur génération dans le degré suivant de leur manifestation, en recherchant comment elles procèdent des Eléments.

Les Eléments continuent la création dans leur sphère propre par un processus pareil à celui observé par les Puissances premières : Esprit, Essence, Substance et Matière. Chacun rayonne autour de sa position centrale en étendant son champ d'action par ondes successives afin d'aller s'unir aux autres. C'est le Feu qui préside à cette expansion et en règle le départ, comme le premier-né de la création spirituelle et le chef du Monde Elémentaire.

Comme précédemment aussi, nous nous arrêterons spécialement dans ce mouvement d'expansion à trois moments essentiels : celui où les quatre champs d'action sont encore isolés les uns des autres ; celui de leur contact deux à deux, et celui où leur contact commun se fait au centre de toute la figure.

EXPANSION DES ÉLÉMENTS

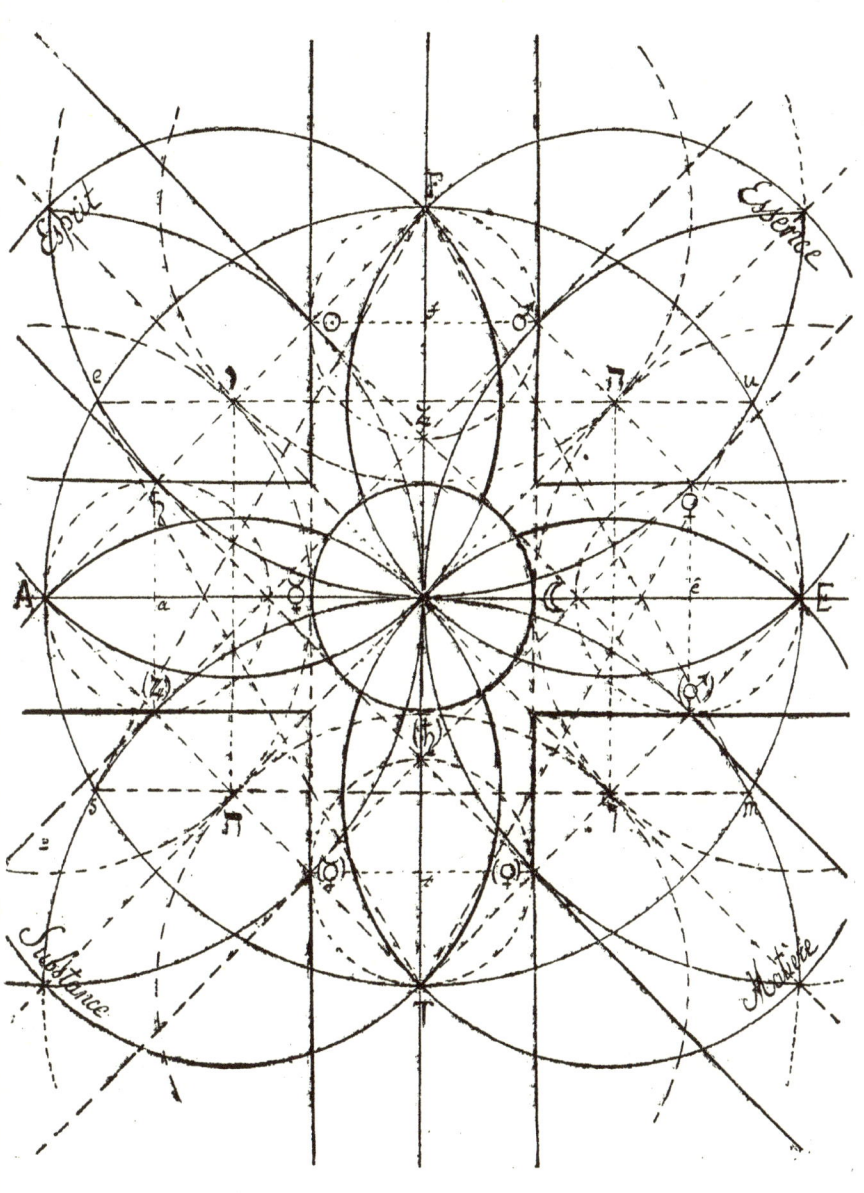

Avant de passer à leur description, nous avons cependant à parler d'un premier mouvement préliminaire qui a pour but de faire descendre les Puissances premières dans le monde Élémentaire par une modification spéciale. C'est le passage du *quaternaire* primitif au *Septenaire*, qui va dominer comme nombre divin le développement cosmique et passer même au troisième des Nombres divins, au *dénaire*, chef du Monde sensible.

Cette transition est opérée d'abord par une expansion trinitaire du Feu:

Pour caractériser le quaternaire spirituel, on a inscrit, dans la figure ci-jointe, les quatre lettres du nom sacré *Jehovah*; on les voit posées sur le carré des Éléments, au point où il rencontre les axes spirituels. C'est qu'en effet ce nom signifie *l'Etre qui fut, de tous temps, qui est, et qui sera dans un futur sans terme* (1) : L'Etre qui *fut* est exprimé par la lettre *Iod*, au centre du cercle de *l'Esprit*.

« L'Etre qui est » est exprimé, selon le langage hébraïque, par les deux *Hé*, au centre de l'Essence et de la Substance,

et « l'Etre qui sera » est exprimé, d'après la même langue, par la lettre *Ou*, au centre de la Matière, progressive par essence.

Le Feu, dans la même figure, s'élève entre les deux premières lettres, l'Esprit et l'Essence, termes supérieurs de ce Nom sacré, parce que le Feu en

---

(1) Voir Fabre d'Olivet sur le verset 5 ; ch. II de la Genèse.

représente la Puissance suprême. Son nom biblique, correspondant au rôle que nous lui trouvons ici, est *Elohim* qui, en hébreu, signifie, par sa composition : *le Principe divin de création multiple*.

C'est lui, donc, comme on vient de le dire, qui commence la création par un triple influx spirituel. Par un premier rayon plongé jusqu'au fond de l'Élément terrestre (ligne F T sur la figure), il donne à cet Élément inerte la Puissance de *réagir* contre les mouvements actifs qu'il va subir (1).

Un second rayon (*Fm* sur la figure) est projeté dans la région de la *Matière;* seulement il s'arrête à la partie supérieure de cette région, celle la plus subtile, et à ce titre la plus rapprochée de l'Élément de *l'Eau*, auquel elle est en partie mélangée.

Par cette pénétration, Elohim donne à la *Matière* la puissance *d'être*, selon le mode qui convient à sa nature et à son rôle, c'est-à-dire par la vie de créatures individuelles multiples ; à cet effet, il crée au sein de la Matière supérieure les *âmes* de ces êtres futurs (2).

En une troisième projection, l'Esprit du Feu, Elohim, par un rayon analogue et symétrique au premier, pénètre en la partie supérieure du cercle de la *Substance* la plus rapprochée de l'Élément de l'Air (sur la figure la ligne *Fs*, second côté du triangle équilatéral *Fms*).

(1) Dans l'exposé de la création par le P. Leray, ce rayon représente l'introduction dans l'espace des *Monades d'Eon*.
(2) La *Tradition cosmique* donne les détails de cette création. Vol. Ier, ch. II et III. D'après le P. Leray ici se placent les monades d'atomes chimiques.

Cette pénétration qui a traversé la région de l'Esprit et celle de l'Air, où se trouve le principe d'individualisation, donne à la Substance la puissance de retenir l'unité à travers la multiplicité des composantes ou des accidents, en attachant cette puissance aux créatures individuelles sous formes d'âmes appropriées (1).

En réponse complémentaire à ce double influx du Feu, la Terre (représentée dans le nom sacré par les deux lettres *Hé-Va*, la Vierge céleste, Isis, etc...), précédemment animée comme on l'a vu tout à l'heure, projette à son tour deux rayons symétriques des précédents (formant le triangle renversé тeu sur la figure). L'un, à droite en *u*, aboutit à la région inférieure de l'*Essence* (celle voisine de l'Eau) ; l'autre, à gauche, aboutissant en *e*, dans la région inférieure de l'*Esprit*, celle qui avoisine l'Air et le pénètre.

Le premier de ces rayons engendre, dans l'Essence, des âmes sentimentales et volontaires propres à s'unir aux créatures qui s'élèveront jusqu'au voisinage de leur source (les Nephesh de la Bible, ou âmes vivantes) ; l'autre rayon produit une création semblable d'âmes *mentales* (les *Manas de l'Inde*) pour les créatures qui approcheront de l'Esprit.

Les différentes régions primitives ainsi préparées,

---

1) Dans l'œuvre du P. Leray, ce sont les monades d'atomes d'Ether.

les Éléments commencent leur développement simultané.

Dans la première phase, quand ils sont encore isolés, ils conservent auprès d'eux, comme enveloppés dans une sorte d'ovaire, les germes d'où sortiront plus tard, dans tout leur développement, les Puissances, objets de cette étude. (Elles sont représentées sur la figure dans le cercle où nous les avons rassemblées plus haut à leur origine hors des Puissances premières ; voir p. 39 ci-dessus.)

Dans la seconde phase, celle du contact deux à deux, le rapprochement s'accomplit sur les deux axes spirituels (Esprit-Matière et Essence-Substance), et au milieu des côtés du carré Élémentaire, puisque les ondes radiantes émanent des quatre sommets de ce carré pour se répandre d'un mouvement uniforme et d'une vitesse partout égale. Ces points de contact sont précisément ceux marqués des lettres du nom sacré.

C'est la première manifestation du créateur dans le monde réel ; son nom y est, pour ainsi dire, proclamé sur la lyre des quatre principes spirituels.

Le point marqué par l'*Iod* au contact du Feu et de l'*Air* est comme le premier baiser d'*Elohim* à la *substance* pour l'animer de son souffle spirituel. C'est la première parole du *Verbe* par qui tout a *été fait* (saint Jean, etc...), c'est le *Fiat lux* prononcé par l'*Esprit de Dieu porté sur les Eaux* (Genèse, chap. 1er, ⅴ. 1) (1).

(1) L'*Air*, en effet, représente ici les *Eaux supérieures*, le nom d'*Eau* comprenant toute forme fluidique.

Le contact du *Feu* et de l'*Eau* se fait au point marqué par ה (*Hè*) ; c'est le rapprochement de l'Esprit essentiel vers la matière essentielle (voir les définitions de la page 7) ; la lettre *Hè* signifie, en hébreu, l'existence absolue, la Vie. (Fab. d'Oliv. Dict.)

Par ces deux premières lettres, le Feu a déjà prononcé dans le Ciel, pour ainsi dire, le nom du créateur tout-puissant, ce nom *IÈ* signifiant, en hébreu, la Vie *absolue manifestée* (Fab. d'Oliv. Dict.).

Dans le point de contact au sein de la *substance* sur la lettre ח (ou second *HÊ*), c'est la partie inférieure de *l'Air* qui se livre, celle qui le représente comme la *substance issue de l'Esprit* (voir p. 7 ci-dessus) ; elle se joint à la Terre qui est son principe *de matérialisation*. La lettre hébraïque HÊ représente *l'existence élémentaire, le principe de l'aspiration vitale* (Fab. d'Oliv. Dict.) ; c'est le principe passif de la vie, son support.

Au point de contact qui se fait sur la lettre Ou (ו), la partie inférieure de l'Eau, ou Essence issue de la Matière, se joint à la Matière même ou Substance concrète (voir p. 7) : la lettre hébraïque correspondante représente *le goût, le désir appétant de la* matière) le point de transformation du néant en être (Fab. d'Oliv. Dict.), l'effort ultime de la création.

Ces deux dernières manifestations sont celles que la Genèse (ch. 1er, ÿ. 5) nomme le *jour* (substance spirituelle en Terre) et la *nuit* (essence enténébrée dans la Matière).

Leur union (Ou Ê, וה) opposée à celle spirituelle, IÈ, a pour sens, en Hébreu : *un déchirement et le rugissement du lion blessé* ; c'est le cri de l'Esprit sacrifié au fond de la matière par la *Multiplication*.

La troisième phase de l'expansion, celle qui produit le contact des quatre éléments au centre de la figure, fait empiéter en même temps chacun d'eux sur le domaine de ses deux voisins.

Cette pénétration fait reparaître sous la forme Élémentaire le quaternaire des Premières Puissances, chacune des quatre palmes intermédiaires qui la représentent porte à son centre une lettre du Nom sacré ; elle en figure, en effet, la manifestation réelle. La croix secondaire que forme leur ensemble est comme la proclamation triomphale de l'Esprit créateur par ses premiers agents célestes. En se développant par les Puissances secondaires que nous cherchons et qui s'y attachent comme on l'a vu déjà, elle va nous faire entendre pour ainsi dire l'Hosanna glorieux des sept qui sont devant le Seigneur, éblouis de sa manifestation :

Pleni sunt cœli et terra, gloriâ tuâ !

Elle figure encore, cette même croix, la phase de création que la Genèse nous dit avoir suivi l'apparition du jour au milieu des ténèbres :

« Dieu dit encore qu'un firmament soit fait entre « les eaux et qu'il sépare les eaux d'avec les eaux... « Or Dieu nomma le firmament *ciel*. » (Genèse, I, ỳ. 6 à 8.)

Ce firmament est ici figuré par l'axe (Essence-Substance), qui sépare, comme on l'a dit précédemment, les Puissances diurnes des Puissances nocturnes ; il porte à ses extrémités les deux HE de la langue hébraïque (ה et ה). Le nom (Hè-Hê), intraduisible, est l'image d'un plan qui porte sur ses deux faces les deux formes de la vie : céleste et terrestre (Fab. d'Oliv. Dict.).

Il est aisé maintenant de juger dans son ensemble tout le mouvement d'expansion et d'en voir la fin ; il constitue une réalisation concrète du premier quaternaire, celui des Puissances supérieures dont il reproduit exactement la polarisation :

L'Esprit est descendu de sa hauteur originelle, il est devenu un *Esprit Elémentaire* : Esprit du Feu, à sa droite ; Esprit de l'Air à sa gauche ; en son centre, il est la combinaison de ces deux nuances ; il caractérise, dans sa dualité unifiée, la Toute-Puissance du Verbe divin, créateur ; c'est ce que représente sur notre figure la palme qui porte à son centre la lettre י (Iod).

Dans le cercle de l'Essence, la droite nous représente le *Feu essentiel* (ou Essence du feu) ; la gauche est l'*Eau essentielle* (ou Essence de l'Eau), premier principe de tous les degrés de fluidité de la Matière : la palme de ce cercle figure la combinaison du Feu et de l'Eau ou *l'existence absolue, la vie* représentée par la lettre ה (Hè).

Dans la région inférieure, celle de la Terre, la Substance devient *l'Air substantiel*, à sa partie gauche et la *Terre substantielle* à sa droite ; son centre correspond à la réalisation plus concrète de la vie, signifiée par la lettre ה (Hê), l'existence élémentaire dont la palme centrale est la région.

La Matière, enfin, se manifeste : vers le haut (à droite) comme *l'Eau matérialisée* (ensemble des fluides) ; en bas (à gauche), comme *Terre matérialisée* (principe des solides) et sur la palme, comme *Terre humide* (support et principe de toutes les existences vivantes concrètes).

Les Eléments, aussi, ont reçu un caractère nouveau ; ils ne sont plus en voie de réalisation comme les a présentés la définition donnée page 7 ci-dessus ; ils se sont combinés et cette combinaison les unifie dans leur ensemble.

Le Feu, désormais, occupe dans le Cosmos la place et le rôle supérieurs réservés à l'Esprit dans le monde des Premiers Principes. Il est l'*Essence spirituelle* ; sa palme figure son siège spécial.

La Terre, placée à son opposé, dans la région inférieure, est devenue la *Substance matérialisée* siégeant dans la palme du bas.

Quant aux intermédiaires, l'Air est, à présent, *Substance spirituelle*, et l'Eau *Matière essentielle*; elles conservent leur rôle de transmission qui trouvera mieux son explication plus loin.

Les axes primitifs sont déplacés de 45°, comme

engendrés par les deux premiers ; ils en reproduisent les caractères : le Vertical, FT, est un axe spirituel ; l'horizontal AE est un *firmament* nouveau, celui que la Bible annonce dans le verset 17 ; le caractère en ressortira par la suite ; il suffit de remarquer ici que cet axe sépare le diurne du nocturne, sans aucune exception particulière (1).

Les Puissances secondes, déjà signalées précédemment, dès le premier chapitre, c'est-à-dire, précisément, celles que nous cherchons à définir, se retrouvent placées sur le bord des palmes élémentaires, comme on les a vues (p. 39 et suivantes). Et par suite des croisements des cercles que l'on vient de décrire, on voit sur la présente figure qu'elles se posent aussi, comme conséquence du mouvement décrit, sur le côté des palmes correspondantes dans la croix spirituelle.

Par exemple, le Soleil a dû être posé sur le bord de la palme du Feu, parce que, à l'égard de cet Élément, il représente son Esprit, d'après l'explication donnée à la page 38 ci-dessus. Or, réciproquement, à l'égard de l'Esprit, il représente le Feu spirituel pur, et en cette qualité il doit être à l'extérieur de la palme spirituelle qui a le caractère inverse. Il doit donc être au croisement de ces deux palmes comme participant à la fois de l'une et de l'autre.

(1) Tandis que dans la distinction établie par le premier firmament se trouve l'interversion de Jupiter et de Vénus expliquée plus haut.

Et ainsi de toutes les autres Puissances secondaires, ♂ Mars, ♀ Vénus, etc..., considérées dans leurs cercles respectifs. Chacune est le symbole de l'union intime des deux palmes dont elle signale le croisement (1), par conséquent la synthèse.

En même temps elles représentent la polarisation que nous avons trouvée dans chaque cercle, et celle de la palme qui lui correspond : par exemple, on voit que la partie supérieure de l'Essence sera caractérisée par Mars, et sa moitié inférieure par Vénus, et ainsi des autres.

Par suite de ces divers rôles qui leur sont propres, ces Puissances secondes se trouvent disposées sur le cercle qui les rassemble en couples complémentaires (actifs et passifs) capables de s'équilibrer deux à deux (♂ avec ♀) (♂ nocturne avec ♀ nocturne), (☿ nocturne avec ♃ nocturne) (♄ avec ☉).

Or c'est un principe constaté par nos sciences positives, comme dominant les phénomènes de notre Monde physique, que, toutefois que des énergies complémentaires se trouvent ainsi disposées en série, elles s'unissent deux à deux en équilibre et donnent naissance à un courant d'énergie réalisatrice qui transporte à travers la matière la puissance de la source commune ; un contre-courant inverse se propage en sens contraire.

C'est un courant de ce genre qui, par les Puis-

---

(1) Leurs régions sont caractérisées par 8 petites palmes secondaires au sommet desquelles elles se trouvent et qui se rassemblent au centre principal.

sances secondaires, va répandre et entretenir dans le Monde physique la vie née de l'Esprit et manifestée d'abord par le Feu.

Le courant inverse, issu de la Terre, sera celui de l'Evolution qui doit conduire la créature à sa perfection.

*
* *

En somme, par tous ces mouvements, nos Puissances secondaires vont être les agents de trois actes cosmogoniques principaux :

1º Celui de *création*, ou vivification par la polarisation des quatre centres : Feu, Air, Eau, Terre, pénétrés d'abord des quatre Puissances premières ;

2º Celui de *conduite providentielle et fatale* de la progression qui est la vie du Cosmos : providentielle pour la secourir, fatale pour la rectifier ;

3º Celui d'*idéal à atteindre* dans le cours de chaque période cyclique, aboutissant par l'union harmonieuse et définitive du Feu et de la Terre (donc de l'Esprit et de la Matière) à une vie éternelle.

C'est le rôle de *l'apothéose* en vue duquel le Cosmos est créé ; il est doublé par le rôle sauveur de *Rédemption* pour remédier aux chutes de la créature de bonne volonté.

Notre étude doit rechercher les Vertus et les caractères spécifiques de chacune des Puissances secondes en ces trois rôles, selon leur place dans l'ensemble des régions qui viennent d'être reconnues, et selon leur fonction dans les courants qui les traversent.

Cependant, on ne pourra pas en suivre ici tous les détails; il suffira d'en donner les traits essentiels, en s'attachant surtout aux courants évolutifs.

CHAPITRE IV

LES COURANTS DU FEU CRÉATEUR

Réalisation sensible des Eléments.

Le *Feu* joue dans le monde élémentaire le même rôle que l'*Esprit* dans le monde intelligible ; il en est le Chef. C'est de lui que vont partir les deux courants générateurs des Puissances secondaires, ou *Génies planétaires*.

Le feu se polarise, comme on l'a vu, en deux manifestations : Celle du *Soleil* qui est la principale, et celle de *Mars* qui en dérive.

C'est de ces deux pôles que vont partir les deux courants complémentaires annoncés précédemment.

Le Soleil sera l'origine du courant de *Pensée divine* ou Verbe; Mars celle du courant de *Puissance*.

Ces courants ne sont pas tracés sur notre figure (p. 59), déjà bien complexe, mais le lecteur les y suivra sans peine : celui du Soleil est une ligne brisée passant par les points : ☉, (♃), (♀) et ♀.
— Celui de Mars est la ligne brisée aux points ♂, (♂), (☿) et ♄.

Nous allons les suivre pour en noter tous les incidents.

§ 1. — Ensemble des deux courants.

Première phase.

Leur course comprend deux directions successives : la première est une descente jusqu'au fond de l'Élément de la Terre (aux points (☿) et (♀) ; la seconde une réascension qui les ramène vers les pôles du Feu (de (☿) à ♄, et de (♀) à ♂).

Ils se croisent en trois points, sur les palmes des Éléments. Leur première rencontre se fait sur celui de la Terre, avant qu'ils n'en atteignent la limite, sur l'axe vertical F T.

Ils se croiseront ensuite, de part et d'autre de ce même axe vertical, dans la palme de l'Air et de l'Eau, et sur l'axe horizontal, A E de la croix Élémentaire.

Dans le premier croisement, ils ont des directions semblables, descendant tous deux ; dans les deux autres, leurs directions sont inverses : l'un est tout rapproché de sa source et descend (comme ♂, (♂)) ; l'autre (comme (♀) ♀) arrive à son but vers lequel il s'élève.

Dans toutes ces rencontres, ils se mélangent sans se combiner, comme les ondulations en général ; ils n'engendrent, par conséquent, aucun centre spécial ; ils enrichissent seulement les éléments qu'ils traversent.

Après ces croisements, ils aboutissent chacun en face de son complémentaire (par exemple, le courant de Pensée (♀) ♀ en face de la Puissance, ou ♂, et réciproquement).

Là, au contraire, ils trouvent leur équilibre, parce que l'un de ces deux centres est passif et l'autre actif, comme on l'a expliqué précédemment. Chacun s'unit à la source de l'autre, et cette union se fait sur les centres marqués des deux lettres sacrées Iod, Hé (יה).

2ᵉ phase : formation des centres synthétiques.

Après cette première phase, on arrive à une période de combinaisons plus complexes, *quaternaires*, succédant aux binaires qui précèdent.

1º *Les extrêmes*. — Les deux couples équilibrés, que l'on vient de voir se former dans la région du Feu (☉- ♄ et ♂-♀), représentant respectivement la *Pensée* et la *Puissance divines*, après leur course dans le Monde des Éléments, sont complémentaires comme les deux pôles originels du Feu ; se trouvant en présence de part et d'autre de cet Élément, ils vont se combiner pour en manifester l'Unité, par l'organe pour ainsi dire des créatures dont elles ont traversé les centres. Leur union se fait au milieu de la ligne Iod Hé (יה) qui les distance, sur l'axe vertical de la croix élémentaire. Elle donne naissance au centre de *Jupiter* diurne, synthèse des deux pôles originels du *Feu* ; ce centre *réalise* ainsi, dans le Monde sensible, et par ses créatures, l'*Elé-*

ment du Feu, qui se trouvera désigné, dans cette condensation, en langue hébraïque, par le nom de IÉ (moitié supérieure du nom Jehovah).

Une formation du même ordre va se trouver autour de l'Élément *de la Terre*, opposé à celui du Feu :

Quand le courant de Puissance descendant arrive dans la *Matière* et s'y manifeste par le centre ($♂$) ou *Mars nocturne*, il se trouve en présence de la substance individualisée ($♀$), *Vénus nocturne*, la créature au début de son évolution, sa complémentaire ; il l'anime pour produire avec elle, la *Force matérielle*, représentée par le centre ו (Va), sur lequel se fait cette union.

En face de ce couple, s'est formé de même celui représenté par le centre ה (Hê) de la *Substance*, qu'il réalise dans le monde sensible, comme *substance individualisée et matérialisée*, en rassemblant la Puissance céleste ($♃$) *Jupiter nocturne*, expression fatale de la Pensée divine, avec ($☿$), *Mercure nocturne* ; c'est la créature intelligente à son origine, revêtue de la Force de Mars.

Comme les couples de Feu, ces deux couples de la Terre, complémentaires par leur origine, vont s'unir au milieu de leur distance, sur l'axe vertical de la croix Élémentaire, et donner naissance au centre ($♄$), *Saturne nocturne*, qui synthétisera les deux pôles de l'Élément terrestre, Vénus et Mercure nocturnes, et réalisera par eux la manifestation sensible de son Élément ou *Terre matérielle et consciente*. Son nom hébreu sera : Hê Va, partie féminine du nom quaternaire sacré, I E O 'Vah.

Ce nouveau centre se pose donc au bas de la croix, comme *Terre réelle*, en face *du Feu réalisé* et comme son complémentaire vers lequel il aspire. C'est la manifestation sensible de la *Matière* en face de l'*Esprit*, sur la croix élémentaire, pareille à la polarisation primitive du *Non-Etre* en face de *l'Etre*.

Comment se résoudra cette nouvelle forme de la dualité créatrice ? C'est ce que va nous apprendre l'étude des concentrations quaternaires effectuées sur les deux autres Éléments, l'Air et l'Eau.

2° *Les centres synthétiques intermédiaires.*

Jusqu'ici nous avons considéré la symétrie des couples binaires par rapport à l'axe vertical de la croix Élémentaire ; il faut la voir à présent autour de l'axe horizontal.

Ici, les couples opposés ne sont plus de même ordre ; ils ne constituent pas une dualité ; ils ne se combineront pas ; ils se mélangeront seulement pour donner à leurs Éléments un rôle complexe. En effet, les deux couples supérieurs désignés par les centres Iod et Hé (י et ה) représentent une fonction créatrice, tandis que les deux inférieurs, Hê et Va (ו ה) sont à la fois créateurs et évoluants.

Considérons d'abord les couples qui enveloppent l'Élément de l'*Eau* : l'inférieur, formé au centre Va (ו) de la *Matière*, pris dans la direction ascendante, met la créature terrestre, *Vénus nocturne* (ou (♀), individualisée et intellectualisée par

Mercure nocturne et le courant de Pensée, en présence de la *Force matérielle de Mars nocturne* (♂).

A ce degré de croissance, Vénus est capable de concevoir cette Force, et, par suite, désireuse de l'accaparer ; leur présence face à face représente donc la réalisation de l'âme animale, appétante, passionnelle.

Le couple opposé à celui-ci unit la *Puissance divine* elle-même (*Mars diurne*, ♂) à la créature individuelle arrivée à l'*Essence* ; c'est une combinaison véritable, la consécration céleste de la Créature, soit qu'elle naisse à ce niveau supérieur (comme la Vierge céleste rappelée par l'Assomption), soit qu'elle y parvienne par évolution.

Le rapport de ces deux centres, que manifestera la palme de l'*Elément d'Eau*, offrira deux effets différents selon qu'on le prendra du côté céleste (de l'*Essence*) ou du côté terrestre (de la *Matière*). Dans le premier cas, exprimé par le mot *Héva* (ה ו), il est créateur ; il représente le rôle confié à la *Vierge céleste (la Nature)*, d'élever jusqu'au niveau céleste la créature individuelle prise à son état de matérialité intellectualisée ; c'est la fonction de l'éducation animale par l'instinct et la fatalité.

Considéré en sens inverse (par l'expression *VaHé* (ח ו), ce rapport exprime toutes les appétances naturelles de la créature, toutes les réactions qui en résultent pour elle ; c'est toute la vie de la passivité en évolution (désirs, aspirations, imagination, penchants, passions, volonté).

Voilà ce qu'exprime le centre ☾ *(Lune)*. Il réalise dans le monde sensible l'*Elément de l'Eau*. Il est le canal des deux courants inverses qui se croisent sur cet Élément ; par eux il prépare la *Matière* à recevoir le *Pouvoir*, soit à son origine, comme début de mouvement vital, soit à la fin de sa carrière évolutive, pour être admise à la participation de la vie divine. C'est, en tout cas, une mission éducatrice, transformatrice, de distillation alchimique, destinée à condenser la Puissance vers la Matière enténébrée et à subtiliser vers l'Esprit la Matière illuminée.

Ce rôle est, dans le Cosmos, confié à la *Vierge céleste*, épouse de la Pensée divine ; dans la créature, c'est la fonction de la *Volonté* que l'instinct providentiel, ou la destinée rectificatrice élève du fond de l'état psychique animal jusqu'aux joies de l'Existence spirituelle.

C'est pourquoi la Lune a été désignée plus haut comme le *centre du Vouloir*.

D'autre part, le centre ☿ (*Mercure diurne*) inscrit dans la région de l'*Air*, sur l'axe horizontal, est, comme le précédent, le canal de deux courants inverses : celui de la pensée divine descendant vers la *Terre* (ou ♃), *Jupiter nocturne*, et celui de la créature matérialisée et intellectualisée approchant de ♄ *(Saturne)*, but de son évolution.

Son rôle est encore une distillation préparatoire ; seulement elle est plus subtile ; il élabore la *Substance*, non plus la *Matière*, et ses procédés sont de nature toute mentale, à l'inverse de ceux de l'Eau qui sont de nature sensible ou sentimentale.

Pour la créature animée, ce rôle appartient à l'entendement : d'une part il lui enseigne, par la fatalité des lois naturelles (ou ♃), à percevoir la Pensée divine ; de l'autre il l'élève, par les inspirations géniales de la sagesse, jusqu'à la participation directe au Verbe créateur.

Entre ces deux limites, le Principe de l'*Air* est, pour la créature, le guide céleste qui illumine sa Voie vers l'Esprit ; il est la lumière qui se trouve en tout homme venant en ce monde pour le conduire des éléments de la Science industrielle jusqu'aux splendeurs de la vie spirituelle.

C'est pourquoi le Centre désigné par *Mercure diurne* a été nommé jusqu'ici celui du *Savoir*.

Tels sont les quatre centres intérieurs : deux d'entre eux, *Jupiter diurne* ♃ et *Saturne nocturne* (♄), représentent l'*Esprit* et la *Matière* descendus dans le monde sensible ; ils sont aux extrémités de l'axe vertical ; leur nature est synthétique. Celle des deux autres, posés sur l'axe horizontal (la *Lune* ☾ et *Mercure* ☿), ne l'est pas ; leur rôle est purement intermédiaire, analogue à celui de l'*Essence* et de la *Substance* dans le monde spirituel.

Ainsi, ce quaternaire est une reproduction de celui des Principes primitifs, il en représente la condensation.

Voyons comment il va en effectuer la réalisation définitive.

§ 2. — Réalisation définitive par le quaternaire intérieur.

Le centre *Jupiter diurne*, ♃, en recueillant les deux courants extérieurs à leur aboutissement, a manifesté le *Feu* Élémentaire en l'abaissant d'un degré, comme on l'a vu plus haut. Il doit donc avoir dans le quaternaire intérieur le même rang que le Feu dans le quaternaire des Éléments. Il en est le Chef ; il va en exercer la suprématie en en reproduisant les courants. Les centres intermédiaires du *Savoir* et du *Vouloir* vont être ses pôles, et le courant se fermera sur le centre de l'*Effectualité*. Il continuera ainsi le grand courant des huit centres extérieurs et en achèvera les effets.

Le courant de la *Pensée* arrivé au centre ♃, *Jupiter*, par *Vénus diurne*, ♀, se continuera du côté de la *Pensée*, en passant par le centre du *Savoir* (ou *Mercure diurne* ☿), tandis que le courant de *Puissance*, parvenu par le centre de ♄ *diurne (la Sagesse)*, devra se continuer par le centre du *Vouloir*, du côté de la Puissance extérieure (1).

Tous deux viendront se rassembler, au bas de leur axe vertical, sur le centre de l'Effectualité, qui correspond à l'Élément de la Terre. C'est là que s'accomplira la manifestation définitive du *Feu* par la *Terre*, et, par conséquent, de l'*Esprit* par la *Matière*, de l'*Etre* par le *Non-Etre*.

(1) On remarquera ici l'analogie de cette disposition avec nos courants électriques d'induction.

Là aussi, à la suite de la Création, doit venir aboutir l'évolution de toute créature issue du fond de la Terre, des ténèbres de la *Matière*, du vide du Non-Etre, afin de manifester, par le Monde réel, la Pensée, la Puissance, le sacrifice d'amour de l'Etre, pour une création que le courant divin ne cesse jamais d'enrichir en Beauté, en Vérité, en Harmonie.

Il faut donc qu'ici, en cet aboutissement, se trouve une Puissance cosmique propre à recevoir cet influx éternel de divinité et à le réaliser par un effort personnel adéquat, qui soit la réponse de la *Terre* à l'ardeur vivifiante du *Feu* (1), la réponse harmonieuse de la *Matière* qui se donne à l'*Esprit* par la Forme, la réponse d'amour du *Non-Etre*, vivifié par l'*Etre*.

Cette Puissance cosmique, faite à l'image de son Créateur, est représentée ici par notre quaternaire intérieur : armée, par son évolution à travers les Éléments de Savoir, de Vouloir, de Pouvoir et de Force réalisatrice, pour façonner la Matière qu'elle unit en soi à l'Esprit et l'élever comme elle l'a été elle-même du fond des Ténèbres glacées aux splendeurs de la Lumière vivante, en l'élaborant selon la Pensée du Créateur ; cet agent, à qui sont confiés les quatre Principes primordiaux pour achever indéfiniment l'édifice sublime de la Création, c'est l'Homme.

C'est l'*Homme universel*, l'Homme dont l'*Huma-*

(1) C'est ce qu'exprime le symbole antique de *Vesta* ou *d'Héphestion*.

nité terrestre est comme le rudiment primordial, l'Homme libre de son travail, dans les limites de sa capacité à participer au Grand Œuvre divin ; l'Homme responsable, par conséquent, dans les mêmes limites et faillible aussi ; l'Homme de qui les erreurs ou les faiblesses introduisent dans le Monde la discordance impuissante et temporaire du Mal, mais que son rôle semi-divin appelle, dans l'immortalité, aux destinées les plus sublimes qu'il puisse rêver quand il s'applique « à connaître, à aimer et à servir de tout son esprit, de toute son âme, de tout son cœur et de toutes ses forces », c'est-à-dire de tout le quaternaire de ses facultés, Celui qui l'a tiré des abîmes du Non-Etre.

§ 3. — Ensemble de la Vie universelle.

Le deuxième firmament.

La branche horizontale de la croix Élémentaire, qui rassemble sur son axe les deux Puissances intermédiaires, centres du *Savoir* et du *Vouloir*, sépare les Puissances diurnes de leurs semblables nocturnes ; et cette séparation ne comporte maintenant aucune exception, comme celle relative à l'interversion de Vénus avec celle de Jupiter (expliquée pp. 52 à 55, ci-dessus), que comportait la croix spirituelle.

Cet axe nous représente ainsi le deuxième *firmament* dont nous parlent les versets 14 et suivants de la Genèse.

Au quatrième jour de la création, qui correspond à l'époque réalisatrice décrite en cette étude : Dieu dit aussi : « Qu'il soit fait des luminaires dans « le *Firmament du Ciel*, et qu'ils séparent le jour « et la nuit, et qu'*ils servent de signes pour mar-* « *quer les temps*, et les jours et les années ; qu'ils « luisent dans le Firmament du Ciel et qu'ils « éclairent la Terre. Dieu fit donc deux grands « luminaires : l'un plus grand pour présider au « jour ; l'autre moins grand pour présider à la nuit, « et les Étoiles (Genèse, ch. I, ỹ. 14 à 17). »

Le Soleil spirituel, le plus grand des *luminaires*, est figuré par le centre même de notre figure, celui commun aux deux croix spirituelle et élémentaire ; il préside au jour ; il résume tous les centres diurnes.

Le *luminaire* plus petit, la Lune, est la Reine des centres nocturnes ; le sien est celui du *Vouloir*, des Passions, de la Volonté, de la liberté responsable et faillible.

Quant aux Étoiles, elles correspondent à la notion de tout ce qui est au delà du Monde sublunaire, du Cosmos visible ; elles sont représentées par Mercure, centre du Savoir, symbole de l'intelligence humaine qui n'a pas de bornes dans l'Espace.

Au-dessous de ce *Firmament* est la vie terrestre, nocturne, sublunaire ; au-dessus est la vie céleste : Dans notre figure, ces deux vies sont encore distinguées d'une autre manière : la Terrestre, considérée comme séjour, est représentée par le quaternaire central, celui de l'Homme ; la Céleste est figurée par la couronne des huit Puissances secondaires qui enveloppe ce quaternaire et ne cesse de l'influencer par l'effet de ses courants pleins de vie et de mouvement.

L'une et l'autre de ces deux vies sont rassemblées dans la figure du Zodiaque et interprétées par la Science astrologique. Les explications précédentes peuvent faire comprendre comment cette science est en état de dire à chaque créature, individuelle ou collective, comment sa volonté est en accord ou en discordance avec la Volonté et la Pensée divines, sources des grands courants célestes, comment elle peut s'y conformer pour la réaliser selon sa mission, et aussi comment la créature peut s'élever de la Vie terrestre à la Vie céleste à travers le Soleil central qui éclaire la Terre, c'est-à-dire en employant sa volonté libre à transformer en soi toutes les influences nocturnes en leurs diurnes célestes, afin de passer de la loi fatale (ou (♃) nocturne) à la loi et à la Puissance suprêmes de Vérité (ou ♃ diurne, le Feu céleste de la Terre).

Elle nous apprendra encore, cette science astrologique, à lire les « signes des temps » que les *Luminaires* du *Firmament* sont chargés de marquer pour la Terre, selon l'expression de la Bible ; c'est-à-dire qu'elle décrira les cycles de toute destinée.

Mais il est impossible de faire ici rien de plus que d'indiquer ces conséquences si vastes ; elles appartiennent à la partie supérieure de la Science astrologique.

Revenons donc maintenant à l'esquisse de ses enseignements primaires, en reprenant sur ces données générales les significations principales des « Sept qui sont devant le Seigneur ».

CHAPITRE V

DÉFINITIONS DÉTAILLÉES DES PUISSANCES
PLANÉTAIRES

1º *Distribution de la Vie et de la Force.*
(Puissances du Feu.)

LE SOLEIL

Le premier aperçu que nous avons pris des Puissances principales nous a entraînés à la recherche de notions plus universelles sur la Création et les Éléments ; elles étaient indispensables aux définitions précises et complètes, objet de cette étude ; nous pouvons les aborder maintenant, en revenant sur le peu que nous en avons dit.

Reprenons donc d'abord les huit Puissances principales, non synthétiques, et, en premier lieu, celles du Feu : la première est le Soleil.

Quand on demande sa définition à ce qui nous reste des Traditions anciennes, on se trouve en présence d'une confusion qui paraît inextricable. Elle ne vient pas seulement des différences qui séparent les diverses religions ; elle n'est pas moindre en chacune d'elles que dans leur ensemble.

En Grèce, on hésite entre Apollon, Jupiter,

Hercule, Bacchus ou Adonis, sans comprendre leurs nuances ; en Égypte, de même, on trouve Ra, Phtah, Kneph, Osiris, Horus ; en Assyrie, c'est Bel, Shamash, Kindar ; et ainsi des autres religions.

Les commentateurs n'ont pas encore réussi à s'accorder sur l'interprétation de cette multiplicité. Il ne suffit pas, pour l'expliquer, de la distribuer entre les diverses manifestations, établies plus haut, du principe solaire, car la multiplicité se poursuit dans chacun de ses représentants ; on compte, par exemple, chez les Grecs et les Romains, cinq Apollon différents, trois Jupiter, deux Hercule.

Mais nous n'avons pas à nous arrêter ici à tant de distinctions subtiles, engendrées par la dégénérescence des religions et la tentative de les éclairer par des symboles appropriés aux peuples qui se séparaient ou à la marche de leurs intelligences. Il doit nous suffire de faire apparaître les caractères généraux, essentiels à chaque Puissance, et nous pouvons les fixer d'après ce qui vient d'être exposé sur l'origine ou la nature des Éléments dont elles sont issues et sur les courants créateurs ou involutifs que nous avons constatés entre elles.

Le *Feu* nous est ainsi apparu comme le représentant de l'Esprit dans le Monde Élémentaire ; nous avons vu qu'il répète dans ce Monde le processus créateur suivi par l'Esprit dans le Monde divin ; sa répartition trinitaire sera donc analogue à celle de l'Esprit.

Le *Soleil*, Principe second le plus rapproché de

la Source divine, et défini, à ce titre, comme l'Esprit du Feu, correspond, dans le Monde Élémentaire, à ce qu'est l'*Essence* par rapport à l'Esprit pur dans le Monde céleste ; *Mars*, plus éloigné, sera comme la *Substance* du Feu, et *Jupiter* sera le principe le plus concret, le plus rapproché de la réalisation spirituelle.

C'est en sa qualité d'Esprit du Feu que le Soleil apparaît d'abord comme le *Principe vivifiant*.

En effet, ce qui constitue la Vie, ce n'est pas tant l'*Activité* motrice ou mobile que la *Spontanéité* ; sans celle-ci, celle-là n'est pas possible ; la Spontanéité est le principe radical de l'*Etre* ; l'Activité n'en est que la manifestation formelle. L'Energie, la Force, qui mettent en mouvement, n'ont pas en soi la Spontanéité ; elles sont ses servantes, il leur faut un commandement, une idée, une pensée directrice qui n'est pas dans leur nature. C'est un principe primordial, et évident du reste, en science mécanique, que la Force est inerte, en ce sens qu'elle est incapable de fixer ou de modifier par soi-même ni son point d'application, ni sa direction, ni son intensité.

L'*Etre* ne se communique pas, ne donne pas la Vie tant qu'il ne s'est pas livré par son Esprit qui est sa pensée.

Le *Soleil*, première manifestation créatrice de l'Esprit est donc, avant tout, le porteur de sa Spontanéité, de sa Pensée ; il est son *Verbe*. La Puissance, la Force, ne viennent qu'en second lieu.

Après que le Créateur s'est posé en face du Non-Être, en faisant apparaître le Ciel et la Terre, son premier acte, nous dit la Bible, fut l'émission de sa Pensée : « Que la Lumière soit ! », et la Lumière *fut* ! (Genèse, I, 1 à 4.)

La création du Ciel et de la Terre nue, vide, était déjà, par excellence, un acte de Pensée, de Spontanéité ; mais elle n'était pas encore vivante, ce n'était pas encore le Soleil, la Lumière exprimée.

Ainsi le Soleil, dans le Monde Intelligible, est en potentialité seulement ; il n'apparaît vivifiant que par la lumière ; on ne peut mieux le dire que ne l'a fait saint Jean : « Au commencement était le « Verbe, et le Verbe était en Dieu, et le Verbe était « Dieu... *En lui était la Vie*, et la Vie était la *lu-* « *mière* des hommes... » (Ev. de S. Jean.)

Dans le Monde Élémentaire, il est le Verbe « par qui tout a été fait ».

C'est pourquoi toutes les religions de l'Antiquité ont représenté Dieu par le Soleil, porteur de la Lumière, distributeur unique de la *Vie*, de la Vie totale, qui n'est dans le Monde réel que la Pensée suprême elle-même se distribuant dans les Espaces.

Voilà la définition fondamentale du Soleil : *Feu spirituel, Source de toute vie*, quel qu'en soit le degré de concentration, depuis la vibration infinitésimale de l'atome et de ses milliers d'*électrons*, jusqu'à la gloire inconcevable de l'Esprit pur, du Verbe divin.

Voyons-en les manifestations dans le Monde élémentaire en suivant son courant involutif esquissé

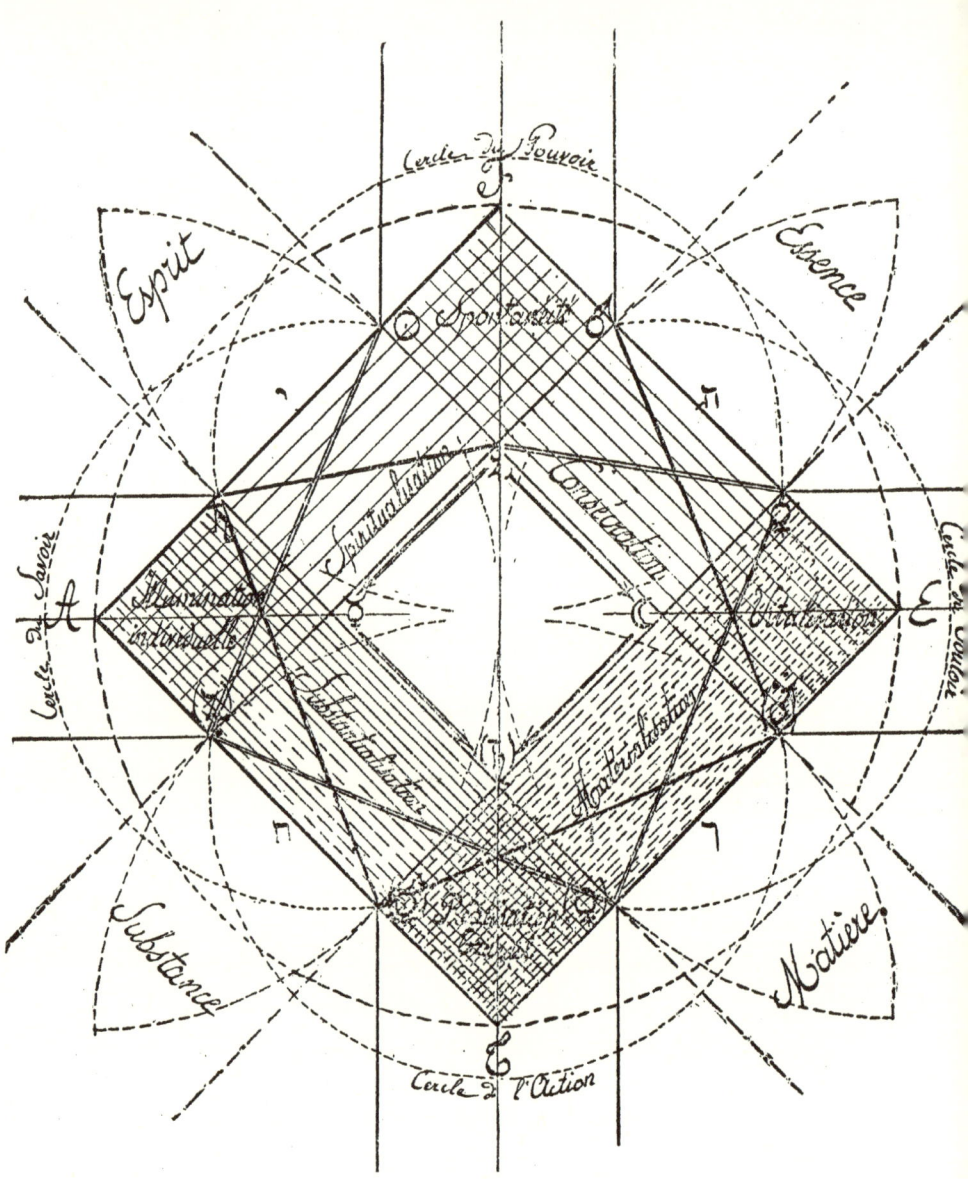

dans le chapitre précédent. (Voir la fig. ci-jointe) (1).

Il traverse d'abord la région de l'*Esprit* (sur la croix spirituelle), marquée par le rectangle de spiritualisation), et la lettre Iod (י) ; dans le Monde Élémentaire, il aborde le cercle du *Savoir*, en sa partie commune avec celui du *Pouvoir*. Il y reçoit la portion de la Pensée divine dont il est appelé à présider et à gouverner la manifestation dans le Monde réel ; en d'autres termes, il est le porteur d'un *Verbe* divin mesuré sur la destinée du cycle cosmique qui s'ouvre ; ici est, pour ainsi dire, l'instauration du Soleil dans sa mission réalisatrice.

Dans la région de l'*Air* (marquée par le carré A sur la croix des Éléments), où il pénètre ensuite, quittant le cercle du *Pouvoir* pour celui du *Savoir*, il partage la Pensée divine qui lui a été confiée en autant de pensées individuelles qu'il est nécessaire d'en distribuer dans le cycle qui naît ; il crée ainsi les esprits destinés à s'incarner dans les créatures du monde réel, depuis ceux que notre philosophie moderne nomme les forces-pensées, jusqu'à l'étincelle spirituelle de l'être humain (2).

(1) Cette figure est la reproduction de celle de la page 59 dans laquelle on n'a conservé, avec les deux croix (spirituelle et élémentaire), que le carré des éléments. On a accentué seulement les divisions qu'y produisent les deux croix, en y inscrivant leur signification. On y a ajouté les deux courants analysés ici ; les quatre cercles centrés sur les Puissances intérieures sont marqués par leur partie extérieure au carré des Eléments.

(2) Les lecteurs qui connaissent la *Tradition cosmique* pourront reconnaître ici, d'abord, l'instauration d'*Elohim*

Au fond de cette même région de l'Air, sur la frontière de la Substance, le Soleil établit une Puissance que nous trouverons plus loin, sous le nom de Jupiter nocturne, comme dépositaire du plan général de distribution des Pensées individuelles dans le Monde réel, du rôle qu'elles doivent y remplir et y faire respecter ; cette Puissance sera, pour ainsi dire, le conservateur et défenseur du Code des *lois naturelles* et du destin qui leur correspond (1).

A la suite de cette création, le Soleil pénètre dans la région de la *Substance*, sur la croix spirituelle et, dans le Monde Élémentaire, il entre dans la partie commune au cercle du *Savoir* avec celui de *l'Action* qu'il aborde (secteur représenté sur la figure par le rectangle de Substantialisation, marqué de la lettre Hê (ה) (l'existence élémentaire).

Comme il aborde ainsi les régions inférieures (au-dessous du firmament spirituel) (הה, Hè, Hê) (v. p. 59) et de celui Élémentaire A. E., il se revêt de la Substance qu'il doit vivifier, comme il s'est revêtu de Spiritualité à son départ. Il opère ainsi la première préparation de la Substance pour la rendre apte à recevoir les pensées

---

(2ᵉ *Emanation* de Brah, naissant dans la région de l'Esprit), et ensuite, dans cette région de l'Air, toutes les formes produites par la 2ᵉ *Formation* d'Elohim dans les divisions des Éthérismes qu'il parcourt.

(1) Dans la « Tradition cosmique », cette instauration correspond à la vision qu'Elohim procure à sa 2ᵉ *formation* après qu'elle a parcouru les Éthérismes, et aux instructions qu'il y ajoute. (𝒵) y est nommé IE (יה) d'après les deux lettres de notre figure, correspondant à l'Esprit et à la Substance entre lesquelles on voit (𝒵 établi par le Soleil.

individuelles et à produire *les formes* qui leur correspondront (1).

Enfin le Soleil, au sortir de cette région, quittant le cercle du Savoir, reste au centre de celui de l'Action, dans l'Élément de la Terre (carré T ♄), à l'extrémité de sa course involutive, sur l'axe vertical des Éléments.

Il y rencontre la seconde Puissance du Feu (Mars) arrivée comme lui au fond de sa descente, et ils s'unissent pour achever la création terrestre ; mais pour comprendre ce dernier accomplissement il est nécessaire de décrire encore l'involution que la puissance martiale a parcourue parallèlement à celle du Soleil.

MARS

Le point de départ de Mars est à la frontière de la région de l'Essence, sur la croix spirituelle, au sommet du rectangle marqué de la lettre ה (Hè-l'existence réelle en son principe, v. p. 90), sur le bord aussi du cercle élémentaire de l'Eau, qu'il va parcourir ; au croisement des cercles du Pouvoir et du Vouloir, position symétrique de celle du Soleil par rapport à l'axe du Feu.

Comme le Soleil s'est revêtu d'Esprit, Mars commence par se revêtir là de l'Essence, c'est-à-dire, selon la définition donnée à la page 12, de la

---

(1) Ici les lecteurs familiers avec la *Tradition cosmique* pourront reconnaître la descente d'*Aoual*, première Emanation de Brah, dans les différentes sortes de matière, où elle produit des *Formations*, réservoirs des Formes individuelles futures.

Matière en voie d'Essentialisation, propre à recevoir la Force et le Mouvement qu'il a pour mission de lui distribuer. Il s'y partage en Puissances divisionnaires correspondant aux Pensées individuelles établies par le Soleil.

A la suite de ce travail préparatoire, laissant le cercle du Feu et celui du *Pouvoir* pour rester exclusivement dans celui du *Vouloir*, il entre au sommet du carré de l'Élément de l'Eau (E ℂ) posé sur l'axe horizontal, ou *Firmament Elémentaire* : EA.

Là, en correspondance aux Pensées individuelles distinguées par le Soleil dans l'Air Élémentaire, il partage l'Eau en atomes correspondant aux divisions précédentes de l'Essence, qui seront les Monades de ces atomes (1).

Ils compléteront les Forces-Pensées créées par le Soleil comme on l'a dit tout à l'heure dans la région de l'Air.

Au fond de cette région de l'Eau, au-dessous du Firmament Élémentaire, dans les Eaux inférieures, par conséquent, Mars établit, en parallélisme de Jupiter nocturne, une Puissance secondaire, qui sera détaillée plus loin, celle de Mars nocturne (♂), dépositaire des Forces divisionnaires de la Puissance divine, les *Forces naturelles*, aussi immuables que les *Lois naturelles*, qui mettront en mouvement les créatures matérielles.

A la suite de cette création, Mars pénètre dans la région de la *Matière*, sur l'axe spirituel, dans la

(1) Ces atomes sont ceux que la théorie du P. Leray nomme les atomes d'Ether.

section commune aux deux cercles élémentaires du *Vouloir* et de l'*Action*, représentée par le rectangle marqué de la lettre ו Vâo, celui de la Puissance de fixation matérielle ; il y introduit toutes les Forces divisionnaires qu'il vient de créer dans la région de l'Eau, produisant dans cette région les mouvements désordonnés encore et fatals, décrits précédemment (pp. 221 et 222), qui constituent ce que les anciens ont nommé le *Chaos* (1). Ici est la région que nous désignons comme l'*Astral*, bouleversée par ces formidables tourbillons cosmiques qui se présentent aux voyants sous la forme symbolique du *Dragon du Seuil* : c'est la masse des *Eaux inférieures* (comme on le voit sur notre figure), celles que la Bible désigne sous le nom d'*Aretz*, les eaux stériles, par opposition aux *Eaux supérieures* et fécondes, (au-dessus du Firmament Élémentaire) que les Grecs nommaient *Thalassa* (l'Eau salée).

Enfin, le courant Martial arrive au fond de sa course dans l'Élément de la Terre, où il rencontre, comme on vient de le dire, le courant Solaire. Là est le laboratoire définitif de la Création terrestre, l'athanor du Grand Œuvre cosmique ; arrivons à sa description.

LE SOLEIL (*suite*)

Le Soleil parvenu au centre de la Terre et du Carré de l'Action s'y trouve, comme on vient de le voir, en présence du bouillonnement formidable

(1) Mouvement des atomes d'Eon et d'Ether dans l'exposé du P. Leray.

du Chaos et du fracas désordonné de ses atomes élémentaires. Il y disperse ses Pensées individuelles qui s'y incarnent séparément en s'abandonnant d'abord à leurs mouvements désordonnés ; c'est la Création des premiers êtres terrestres animés de forces terribles, incapables par eux-mêmes de créations véritables: les *Titans* des fables païennes.

On reconnaît ici tout de suite la légende, commune à toutes les religions, du sacrifice de la divinité solaire déchirée par les dieux infernaux ; légende caractérisée notamment par Osiris et Typhon, puis répétée sous tant d'autres formes, pour Bacchus, Mithra, Adonis, etc... Dans la Nature, c'est la période des premières formations minérales et des bouleversements gigantesques de la matière, consécutive à la résolution des Nébuleuses, à la naissance des soleils et des planètes.

Mais Osiris, Bacchus, Mithra sont immortels ; à la nuit terrible de leur sacrifice, leur invincible Unité fait succéder l'Aurore d'un jour sans fin, la Vie universelle à mille formes transformables, mais indestructible en elle-même. La loi inéluctable de la pensée divine apportée par l'incarnation solaire dans le chaos des Puissances martiales, surmonte les convulsions du Non-Être. Isis restitue le corps de son époux divin pour présider à la vie multiple des créatures destinées à l'évolution et appelées par elle à une harmonie éternelle. C'est ce que représente sur notre figure la Puissance de Vénus nocturne (♀), Aphrodite, où aboutit sur le rivage des Eaux inférieures d'où elle émerge le courant créateur du Verbe Solaire, qui va présider désormais à la course progressive vers la Vie immortelle.

Ce triomphe solaire est en même temps la restitution de la Puissance martiale qui bouleversait sa prison terrestre. Les multiplicités matérielles apportées en ces ténèbres par le courant Martial ont reçu les Verbes partiels du courant Solaire, comme ces derniers recevaient les atomes matériels en mouvement ; ceux-ci devenaient les *Corps* dont ceux-là étaient les âmes vivantes (les *Nephesh* de la Bible), et c'est ainsi qu'ont pris naissance dans le 5ᵉ jour biblique les créatures terrestres de tous genres (1). C'est ce qu'achève d'exprimer sur notre figure la Puissance de Mercure nocturne (☿), aboutissement du courant Martial, sur le bord de l'Élément de l'Air et du Cercle du Savoir ; elle représente le flot des atomes martiaux qui, en croisant sur l'axe terrestre le courant des Verbes individualisés, est devenue la *Puissance de connaître*, comme ceux-ci prenaient la *Puissance de vivre en forme matérielle, réalisée.*

(1) Le lecteur verra facilement sur notre figure, dans ce double mouvement, le résumé des 6 jours de la Bible : le premier est représenté par la polarisation du *Feu* en *Verbe* et *Puissance* ; l'Esprit et les Eaux sur lesquelles il flotte ; figurés par les deux rectangles symétriques de l'*Esprit* et de l'*Essence*. — Le 2ᵉ jour se trouve dans le carré de l'*Air*, première phase de la création des *Espèces*. — Le 3ᵉ jour est dans celui de l'*Eau* ; première phase de la création *des vies individuelles.* — Le 4ᵉ jour se trouve dans la simultanéité des deux rectangles de la *Substance* et de la *Matière ;* c'est-à-dire des *âmes* et des *formes* qui les recevront. Enfin le 5ᵉ jour est leur union produisant les *êtres vivants de la Terre* (voir la note suivante). Quant au 6ᵉ jour, celui qui aboutit à l'homme, nous le verrons plus loin, dans le quaternaire central.

L'union de ces deux Puissances accomplie sur l'axe terrestre par le croisement des deux courants représente la créature terrestre trinitaire, douée d'intelligence, de sensibilité et de vie. C'est l'enfant né de l'Union suprême entre le Feu et la Terre, entre l'Esprit et la Matière, entre l'Être et le Non-Être (1).

Nous n'avons plus maintenant qu'à suivre nos deux courants créateurs dans leur réascension pour achever la définition complète des deux Puissances fondamentales : le Verbe Solaire ou *Lumière* et le Pouvoir martial ou la Vie. Nous verrons apparaître en même temps les quatre Puissances centrales, et la définition de ces Puissances secondaires ne sera presque que le détail rapide des organes cosmiques ainsi définis.

Le rôle évoluteur du Soleil commence par son entrée dans la région de la *Matérialisation*, commune aux deux cercles de la Terre et de l'Eau, région marquée sur la figure (p. 90) par la lettre ו (Vaô) qui exprime le désir appétent de la Matière (v. p. 64).

Les créatures individuelles, nées, comme on l'a vu dans l'Elément de la Terre, de la coopé-

---

(1) La Tradition cosmique représente magnifiquement les détails de cette création terrestre (chapitres III et suiv.) : la Puissance vénusienne y est représentée par la *deuxième formation d'Elohim* et par toutes les puissances auxiliaires qu'elle produit sous le nom d'*Intelligences libres* pour être secondée par elles. Ces Puissances sont les agents créateurs des *formes terrestres* correspondant aux 7 types d'*âmes individuelles* que la *première formation d'Elohim* a produites, comme on l'a dit ci-dessus, dans les régions éthérées ; et c'est *Elohim* avec *sa première formation* qui achèvent les créatures individuelles par l'incarnation des âmes vivantes dans les corps animés.

ration des deux courants du Feu (v. p. 99), sont mises en mouvement, dans la région de la Matérialisation, par la puissance de Mars nocturne qu'elles y rencontrent en involution (p. 95).

L'influx solaire qui les pénètre éveille progressivement en elles la conscience de cet ébranlement et de ses effets coordonnateurs ; la matière n'est plus complètement inerte ; elle commence à participer, par des efforts rudimentaires et progressifs, à la construction d'un ensemble organisé.

Chaque créature individuelle exerce, sous l'impulsion de la puissance martienne, les facultés qui constituent sa *substance propre* et qu'elle a reçues dans la région de la substantialisation, symétrique de celle que nous étudions maintenant ; en d'autres termes, la créature individuelle matérialise ici sa substance ; c'est la région de *Matérialisation*.

C'est aussi, comme on l'a vu, par l'involution de Mars, la région des *Forces* physiques ; leur fonctionnement fait apparaître entre les créatures les lois *naturelles* que nous avons vues confiées à la Puissance secondaire de Jupiter nocturne ($\mathcal{U}'$), placée dans la course involutive du Soleil en tête de la Substantiabilité (en symétrie avec Mars nocturne). C'est ici qu'apparaissent les phénomènes décrits par nos sciences physiques et qui règlent les mouvements des molécules matérielles, soit qu'ils fassent vibrer la matière, soit qu'en déplaçant ses particules ils les fassent passer par quatre états différents (dissocié, gazeux, liquide et solide), en correspondance avec les quatre Éléments que le Soleil achève de parcourir en entrant dans celui de l'Eau. L'influence vivifiante du Soleil dans les phénomènes de cet ordre a été démontrée magnifiquement par les expériences sur la cristallisation, longtemps répétées en public, par le professeur *Otto von Schron* (1).

Ici encore naissent les phénomènes révélés par nos Sciences chimiques ; la Vie organisée qu'y engendre le Soleil apparaît d'abord dans la génération des corps simples (décrite notamment par Mendeleff et Crookes (2), ensuite par l'*affinité* et l'*atomicité* chimiques, et enfin par les formidables développements terrestres d'où sont nées tour à tour toutes les espèces du monde minéral et tous les corps innombrables des végétaux et des animaux, construits par les combinaisons infinies de quatre corps chimiques.

Le courant solaire poursuivant ensuite sa marche vivificatrice et providentielle quitte définitivement le cercle Élémentaire de la Terre pour rester exclusivement dans celui de l'Eau, sur la branche horizontale de la croix des Éléments.

Là est la région de la *Vie* proprement dite. Les créatures animées par l'influx solaire et éveillées déjà à la conscience de leurs individualités réciproques y croisent encore une fois le courant

---

(1) Publiées en 1902 à Naples, sous le titre : *Vita dei cristalli*.
(2) Voir la **Chimie synthétique**.

Martien. Seulement Mars est ici dans la première phase de son involution ; il achève son état diurne, celui où l'*Essence* domine, au lieu de la Force effective. Ce qu'il distribue alors à l'atome, comme sa monade, c'est la Puissance pure, la *faculté* d'*Etre*. Il se revêt maintenant de la Vie solaire comme il s'y était joint dans la région Elémentaire de la Terre, mais pour une production bien plus élevée en correspondance avec les progrès de la créature matérielle.

La conscience encore confuse de celle-ci va grandir ici jusqu'au sentiment de l'acquisition et de la conservation de son individualité. C'est la région des *Eaux vivantes*, où naît et grandit, après le désir confus de l'existence, sa notion poussée jusqu'à l'activité nécessaire pour la conquérir, pour la défendre et même pour la transmettre

Dans ces Eaux, la créature matérielle devient sensible jusqu'à la réactivité, passionnelle, mobile et agissante. Ici naît la *Volonté individuelle* effective et progressivement libre.

Dans la première partie de cette phase, au-dessous du Firmament Elémentaire, la Volonté ne peut encore se développer que sous la direction providentielle de l'influx solaire ; il la provoque par ses illuminations répétées, ou il y supplée par lui-même, tant que ses sollicitations sont insuffisantes.

C'est donc l'âge où l'instinct conduit longtemps la volition, mais s'efface progressivement à mesure que les phénomènes qu'il a provoqués font apparaître chez la créature individuelle la spontanéité due au Soleil.

Une Puissance secondaire spéciale a pour fonction de diriger ce processus pour présider à cette éducation de la chrysalide animale : c'est la *Nature*; son séjour est la région de notre satellite la *Lune*, dont on sait assez l'influence considérable sur tous les phénomènes de la vie terrestre. Elle est représentée dans notre figure d'après la construction expliquée plus haut, sur l'axe horizontal des Eléments, au lieu où se croisent les deux courants Martien et Solaire, au centre du cercle du *Vouloir* et de la palme Elémentaire de l'*Eau*.

Ainsi portée par le courant solaire, la créature individuelle arrive au Firmament Elémentaire (l'axe AE), qui limite la région inférieure de l'Eau. En franchissant cet axe, elle entre dans la vie céleste ; l'horizon de ses désirs s'agrandit ; la lumière solaire, le Verbe intérieur, illumine de plus en plus sa volonté, l'arrache à l'égoïsme individuel, reste de son origine terrestre, l'élève jusqu'aux aspirations spirituelles, jusqu'au désir et à l'espoir d'*Etre sans fin*.

Elle est conduite ainsi jusqu'aux confins de la région d'Essence ; il faudra pour la développer en ce sens une éducation nouvelle ; elle est confiée à la Puissance secondaire que notre figure place en ces limites, celle de *Vénus* diurne, dite *Uranie*, inspiratrice de l'*amour spirituel* pour le Divin.

Sous cette direction, la créature individuelle s'élèvera dans la région de l'Essence, commune aux deux Éléments de l'Eau et du Feu ; sur notre figure, c'est le secteur marqué en son centre de la lettre *Hè* (ה) qui signifie l'existence absolue, la Vie jamais plus interrompue ou mutilée.

Le courant Solaire croise ici le courant Martien, tout voisin de son point de départ ; la créature se trouve, par leur concours, revêtue de la Puissance pure et investie, dans les limites de son individualité propre, d'une certaine participation à la Vie divine créatrice.

Le courant solaire est alors à la limite de sa course évolutive ; pour retourner à sa source, il s'infléchit vers son origine et forme sur l'axe vertical de la croix Élémentaire la Puissance secondaire que nous avons dû y inscrire précédemment, celle de *Jupiter diurne*, ♃. Il présidera au rôle nouveau ainsi confié à la créature.

En ce même point, d'ailleurs, le courant solaire s'unira, comme on va le voir tout à l'heure, au courant Martien remontant aussi vers son origine après avoir achevé sa course évolutive.

Né ainsi de la dernière union des deux courants, Martien et Solaire, Jupiter reproduit dans la sphère réalisatrice la composition duelle du Feu divin et devient son représentant terrestre.

Suivons, maintenant, dans sa course évolutrice, le courant Martien que nous avons laissé au fond de la Terre.

MARS *(suite)*

En même temps que le Soleil distribue le Verbe divin dans la série des régions de la Puissance pour y engendrer les sensations et le Vouloir, le courant Martien remonte de même, au sortir de la Terre, à travers le domaine de la Pensée, pour y ajouter la Puissance réalisatrice.

La première étape de sa réascension est dans la région de la Substance, celle commune aux deux cercles Élémentaires de la Terre (en sa partie gauche) et de l'Air (en sa partie inférieure). C'est le secteur marqué, en son centre, du second *Hê* (ה), principe de l'aspiration vitale (voir p. 64).

Là il rencontre les esprits de toutes choses, de toutes créatures individuelles, comme nous le savons par la description du courant solaire. Par son activité motrice, il établit entre ces esprits mille contacts variés ; il engendre ainsi chez eux la faculté de sentir, de percevoir réciproquement leurs caractères propres et les relations de leurs individualités.

C'est le pouvoir que notre psychologie nomme la *conception* des faits et des êtres, c'est-à-dire la faculté de se les assimiler, d'en aspirer *la vie* comme l'exprime la lettre *Hê*, de les prendre en soi *(cum-capere)* ; c'est une des sources principales de nos *idées*, le premier degré du *Savoir*.

Le courant Martien aboutit donc à la connaissance des rapports entre les individus, c'est-à-dire des lois fixées par le Verbe à ces relations ; la direction et la conservation en sont confiées, comme on l'a vu plus haut, à la Puissance secondaire de *Jupiter nocturne* (♃) posée au bas du carré de l'*Individuation*.

En l'abordant, Mars quitte le cercle de l'Eau pour entrer exclusivement dans le domaine de l'Air, sur la branche horizontale de la croix Elémentaire.

Ici se trouvent, comme on l'a vu précédemment, les individualités substantielles dans lesquelles la Pensée divine se divise au début de son involution pour engendrer les esprits des créatures. Mars vient leur ajouter la mobilité de sa Puissance, et, par elle, il fait apparaître les rapports entre ces esprits individuels ; ainsi cette notion prend naissance, non plus comme la précédente, dans les régions matérielles, mais dans celles éthérées que nous avons dû définir (p. 64) comme une condensation de l'Esprit.

Il en résultera pour la créature un second degré de connaissance plus directe que la précédente, celui qui montre la cause prochaine des rapports individuels et de leurs lois ; c'est la faculté que notre psychologie nomme le *raisonnement*, fondée sur les lois de la *logique* ; elle constitue proprement l'*intelligence*, ou capacité de distinguer la vérité dans la multiplicité des rapports [*inter-legere*].

Elle comprend elle-même deux degrés : le moindre est celui qui vient d'être décrit ; il correspond à la partie inférieure de l'Air, celle au-dessous du Firmament Élémentaire AE, sur lequel le courant involutif du Soleil croise celui de Mars en évolution.

Le second degré, qui correspond à la région supérieure de l'*Air*, pénètre plus directement encore et plus profondément la pensée divine ; il constitue la connaissance directe que nous désignons sous le nom d'*intuition*, parce qu'elle consiste à percevoir directement en nous la lumière du Verbe *(intus tueri)*.

Elle est représentée par la Puissance secondaire de *Saturne diurne*, ♄, que notre figure a dû inscrire au sommet de cette région, sur le seuil de la spiritualisation. On remarquera qu'elle est symétrique de celle de *Vénus diurne*, Puissance de l'amour divin ; l'un et l'autre, ♄ et ♀, sont, en effet, les deux formes de perception du souffle divin, verbal, que nous appelons l'*inspiration* : Vénus le traduit surtout par le sentiment, l'*enthousiasme*; Saturne principalement par la mentalité active, la *méditation* ; mais ils sont tellement solidaires que l'un ne vibre pas sans avoir en l'autre son retentissement; aussi allons-nous les voir se rassembler sur un centre commun.

Mars arrive ainsi à l'extrémité de sa course évolutive, dans la région spirituelle où le cercle de l'Air se joint à celui de l'Esprit et dont le centre est marqué par la lettre Iod, י, l'Esprit de Dieu (v. p. 60).

Ici, pour retourner à son point de départ, il traverse la région de la *Spiritualité* où il croise le Soleil, à l'origine de sa course évolutive ; il revêt sa Puissance martienne de la Parole divine pour en faire la *Théurgie* ou Puissance du *Mage*, capable de participer en quelque mesure à l'acte créateur et providentiel. C'est pour la créature humaine le summum du développement mental, celui qui est symbolisé par le baptême du Feu, en parallèle à la consécration de Vénus Uranie.

Par cette dernière phase de sa course, Mars, infléchissant son courant, vient aboutir au même but que Vénus Uranie, à qui il se joint pour compléter la Puissance secondaire de Jupiter diurne. Celui-ci, rassemblant en soi les deux pôles Solaire et Martien entre lesquels le Feu spirituel s'est divisé à son origine, reproduit ainsi cet Esprit des Eléments, mais en l'abaissant d'un degré pour le mettre à la tête du monde terrestre, de la réalisation dernière.

Jupiter sera donc un Feu particularisé, père des dieux inférieurs, comme le dit Hésiode, qui doit remplir pour la Terre le rôle appartenant dans l'Univers au Feu spirituel.

En résumé, on vient de voir le *Feu*, Esprit des Eléments, donner naissance par le double courant de ses deux Pôles (l'Idée et la Puissance) à tous les autres êtres célestes secondaires.

Et voici ce que nous en avons appris :

Le Soleil est l'âme génératrice et vivifiante du Monde réel, et ensuite son activité directrice.

Il en est le Principe spirituel, comme *Verbe* ;
Le principe d'*Unité* pour l'ensemble des Etres ;
Celui d'*indivisibilité spirituelle* pour les individus ;
Le principe de leur *forme*, que sa Pensée détermine ;
Le principe de leur *vie* par les palpitations chaudes et lumineuses de son rayonnement.

C'est ce que nous a montré son Involution, aboutissant à son sacrifice créateur dans les Ténèbres de l'Elément terrestre.

Par la description de sa réascension, nous l'avons vu produire successivement la *conscience*, la *sensation*, le *désir*, *la volonté spontanée*, *l'amour personnel et divin*.

Nous l'avons vu, pour le Monde, générateur de *rythme ordonné*, de *Beauté*, d'harmonie ; pour la créature, il est la source de toute *inspiration*, la lumière de sa mentalité, le souffle de l'*enthousisame* et de la foi vers l'*idéal*.

La puissance qu'il communique est toute bienfaisante, toute majestueuse, toute spirituelle ; elle se nomme l'*Autorité*, bien différente du *Pouvoir* qui s'appuie sur la Force, bien supérieure à lui.

MARS est l'âme secondaire du Monde, réalisatrice des vertus solaires par l'activité.

Son involution nous l'a montré comme :

Principe de *tout mouvement* dans l'Espace, ou dans l'âme des êtres individuels ;

Par suite, principe de *pénétration*, de *division*,

de *séparation*, de *dissolution*, de *transformation*, de *Force*.

Chez les individus, il est la racine du *courage*, de la hardiesse entrepenante, du *sacrifice de soi-même*, et, par conséquent, de la *génération individuelle*, qui est un sacrifice partiel de la personne

Nous l'avons vu activer aussi tous les degrés de l'*intelligence* qu'il fait vive, pénétrante, féconde, réalisatrice de combinaisons logiques et de tous les actes correspondant à ses conceptions, depuis l'industrie la plus simple jusqu'à l'acte *théurgique* qui fait de l'homme le collaborateur autorisé de la Providence divine.

Mais *Mars* est aussi le principe de toute *réaction passionnelle*, parce qu'il est le réalisateur de la spontanéité individuelle, et à ce titre sa Puissance, expressive d'une liberté limitée, échappe facilement à l'ordre sublime du Verbe solaire.

Il devient alors le *correcteur* terrible de toute imperfection ; son activité est toujours accompagnée de quelque *transformation* et de quelque *destruction* ; c'est ce que l'Inde résume en son Dieu *Çiva*.

Il peut aussi devenir l'*agent du Mal*, pour la satisfaction de tous les désirs égoïstes, depuis le despotisme, et tous les maux de la guerre sociale ou individuelle, jusqu'aux tentatives de la *Magie*, crime de Prométhée, par laquelle la volonté individuelle, égarée, croit pouvoir usurper la Puissance divine réservée à l'amour pur du Théurge.

Ainsi, à l'inverse de l'*Autorité* solaire, le *Pou-*

voir de Mars n'est pas aisément bienfaisant, et même, quand il l'est, ce n'est pas sans souffrance !

Mars est l'*Ange de la Mort*, ou tout au moins celui de la vie *mortelle* comme celle de notre Terre.

Le *Soleil* est, au contraire, l'*Ange de la Vie*, et de la *Vie qui n'a ni fin ni diminution*, de la *Vie éternellement progressive*.

Telles sont les Vertus fondamentales de ces deux Puissances primordiales ; toutes les significations que l'art astrologique y ajoutera ne sont que les déductions logiques de celles-là.

CHAPITRE VI

2º DISTRIBUTION DE LA MENTALITÉ ET DU SENTIMENT

(Puissances d'Air et de Terre)

Les Puissances nées de l'élaboration des Eléments par les deux pôles du Feu, Mars et le Soleil, ne pourraient pas produire une créature capable de manifester complètement son Créateur. Elles sont en état de distribuer la faculté de *vivre* et celle d'*agir*, mais elles ne donneraient pas celle de *penser*. Les Individualités formées par les Puissances secondaires ainsi limitées pourraient tout au plus sentir les impulsions et réagir contre elles, mais sans les *connaître*, sans les *comprendre*, et par suite sans pouvoir les maîtriser.

Ce sont les Puissances de l'air qui vont être chargées de revêtir les créatures individuelles de la faculté de savoir, de comprendre, de sentir, et, par là, de participer plus complètement à la Spontanéité spirituelle par la volonté raisonnée, consciente.

Saturne diurne est l'agent principal de cette distribution de lumière, dans la mesure où elle est possible pour la créature finie. Il est aussi la première des Puissances de l'air.

Saturne diurne

On a déjà donné, pages 48 et suivantes, une première idée de sa nature ; il n'est pas inutile de la rappeler ici pour la compléter :

Comme Puissance d'Air, il est un Feu abaissé vers la Terre, ou selon la figure ancienne, il est *chaud* et *humide*, susceptible, par conséquent, de forme substantielle.

Il présente en effet un double caractère : Comme porteur de la Pensée divine, il participe de l'unité indissoluble de cette Pensée ; comme chargé d'incarner cette même pensée dans les individualités nées de la division martiale, il les rassemble autour de soi en formes de complexité croissante, propres à réaliser progressivement l'Unité divine.

Immobile comme le Soleil distributeur de vie, et par la même raison de spiritualité suprême, il agit comme lui dans l'Espace par ondes vibratoires ; seulement ses vibrations au lieu d'être expansives comme celles du Soleil sont essentiellement centripètes, *concentrantes*.

Il individualise comme Mars, mais par synthèse, tandis que celui-ci n'agit que par dispersion.

Il est, en somme, l'analogue inverse et complémentaire des deux Puissances de Feu : le Soleil donnera à la créature matérielle une *âme vivifiante* ; Mars lui donnera une *âme motrice* ; Saturne y ajoutera l'illumination spirituelle, l'*âme mentale*, essentiellement unifiante. Il est le *Lucifer* (qui, par son inversion orgueilleuse, pourra devenir l'agent du mensonge, *Satan*).

C'est ce que va faire comprendre son mode d'action suivi sur notre schéma de la page 90.

On a noté précédemment la symétrie de sa position avec celle du Soleil, par rapport à l'axe spirituel et au centre spirituel lui-même : Iod ; elle représente son analogie avec le maître du Feu, centre de Chaleur, tandis que lui sera centre de Lumière.

Comme le Soleil il va parcourir les quatre Eléments pour faire en eux successivement fonction créatrice et fonction d'évolution. Mais son courant n'a pas de voie propre ; il va suivre exactement celle de Mars, le second agent du Feu ; seulement en sens inverse, de façon à se combiner avec lui comme son complémentaire. Partout il va rassembler par synthèse ce que Mars a divisé ; il est l'esprit d'intégration qui restituera en unité harmonique les différenciations nées du sacrifice volontaire de l'Etre au Principe de division martiale.

Suivons-le dans sa course.

Elle est d'abord involutive ; cette première partie a déjà été décrite plus haut (p. 48 et p. 49 et 105) ; il y a peu de chose à y ajouter; il suffira, à peu près d'en résumer la suite

Dans la région de l'Air, Saturne établit dans la Pensée divine les distinctions des idées restreintes, ou *monades*, appelées à caractériser les *esprits* des créatures individuelles.

Dans le domaine de la Substance, ces monades sont distribuées entre les Formes individuelles, de manière à en constituer la hiérarchie ; elles correspondront aux *Espèces* générales de créatures.

Enfin, dans la région de la Terre, des Monades secondaires tirées des Espèces seront distribuées dans toutes les divisions et subdivisions de formes vivantes, préparées par le concours des deux courants solaire et martial ; ce sera la création des âmes *individuelles* de tous degrés, à travers tous les règnes.

Dans cette même partie de sa course, en outre de cette participation à l'acte créateur, Saturne accueille le courant de Mars en réascension (sous la forme de Mercure d'abord nocturne), pour ajouter sa lumière à la faculté perceptive donnée par le Principe de Puissance. Le résultat de cette collaboration a été décrit (pages 105 à 106 ci-dessus) ; en en reprenant la série en sens ascendant, du bord de la Terre jusqu'aux confins de l'Esprit, on a vu Saturne préparer pour l'âme vivante successivement : dans la région de la Substance, la *Conception*, premier degré du savoir ; — ensuite l'*entendement* ou l'exercice de l'*Intelligence* selon les lois invariables de la logique ; — plus haut, l'*intuition*, et l'*inspiration* naissant de la *médicatiton* et engendrant l'*enthousiasme* ; et enfin, dans l'Air supérieur, la *Science sacrée* du Mage, suprême effort de la mentalité terrestre.

Tel est le premier tiers du courant saturnien ; reprenons-le maintenant au bas de sa course, sur la rive de la Terre, au moment où sa réascension débute par l'animation de Mercure nocturne. Ici commence son rôle le plus important et le plus complexe dans la création ; il y va ajouter les nuances les plus extrêmes, les pouvoirs les plus étendus, mais les plus dangereux aussi ; ici vont naître et les aspirations les plus sublimes de la vie psychique, et ses drames les plus épouvantables, les plus monstrueux ; c'est la région où naissent et croissent toutes les formes du *Mal*. Ces derniers jours de la création demandent des détails particuliers.

Il faut établir tout d'abord une distinction négligée jusqu'ici ; dans la région de la *Matière* : l'axe spirituel (marqué des lettres Iod-Vau) la partage en deux parties : l'une supérieure, l'autre inférieure à cet axe. Celle-ci est plus particulièrement le domaine turbulent des forces physiques décrit ci-dessus, pages 96 et 97 ; dans le tumulte de ces eaux « inférieures », le jeu fatal des « lois naturelles » engendre, chez les créatures violemment ballottées et entrechoquées, les premiers germes d'une conscience à peine distincte encore ; elle apparaît cependant dans la cristallisation des formes, dans l'affinité chimique élective et inconstante, dans la valence des atomes qu'elle combine.

L'esprit Saturnien d'unité harmonieuse y apparaît par l'assemblage intime des semblables ou des complémentaires ; sa puissance y éclate par la résistance de ces unions à la décomposition, dans ces forces atomiques et moléculaires dont la Science nous dit aujourd'hui l'intensité presque inimaginable. Les molécules, les atomes tendent tous vers une condensation hiérarchique nettement formulée ; le chaos subit une première classification dominée par la Puissance saturnienne de condensation et d'intégration synthétique.

Mais elle s'y trouve en conflit avec la Puissance dispersive de Mars, qui n'est pas inférieure à la sienne, de sorte que, dans les âmes si rudimentaires de ces premières créatures, on voit apparaître déjà les germes des réactions, des sensations violentes, des passions implacables qui, chez les créatures intelligentes et volontaires, doivent engendrer toutes les horreurs du mal : l'avidité aveugle de l'égoïsme, le meurtre, le vol, la terreur despotique acharnée contre la défense obstinée de l'individu vivant ; toutes les réactions de la souffrance, de la colère, de la rancune, de la vengeance.

Dans cette anarchie où la *Mort* semble régner en souveraine, Saturne n'apparaît d'abord que comme un frein à la destruction désordonnée de l'unité naissante. La constance et l'intensité de sa résistance, mesurées sur la violence de son adversaire, peuvent même le faire prendre pour un second générateur de Mal, à cause de la discipline implacable qu'il impose à la liberté de l'activité Mais, en définitive, la loi suprême qu'il propose triomphe progressivement pour sauver la vie cosmique et la conduire vers l'harmonie totale.

Cette suprématie s'affirme nettement dans la région supérieure de la Matière, au-dessus de l'axe spirituel ; elle se manifeste d'abord par la réunion des individualités semblables, qui, par l'effet de la masse, surmonte la menace de destruction ; elle apparaît surtout dans la Puissance génératrice.

La reproduction des individus ne se faisait d'abord que par l'action martiale, arrachant la progéniture par mutilation de la mère (par segmentation). En venant s'interposer entre Mars et le principe passif, Saturne fera intervenir dans leurs rapports la puissance de l'amour, au moyen de l'attraction réciproque irrésistible des sexes complémentaires, qui est encore, dans le monde réel, la manifestation la plus puissante de la Cause originelle et de la Cause finale.

Ce n'est pas le seul progrès introduit par Saturne dans cette région. De la lutte féroce pour l'existence, il fait surgir, par la puissance d'individualisation qu'il incarne, toutes les vertus qui lui sont propres : la patience, le courage persévérant, la résignation aux volontés spirituelles ; la prudence, la temporisation ; puis, d'autre part, la concentration sympathique des victimes contre le danger, d'où naîtront, plus tard, les groupements sociaux, premiers germes de la synthèse universelle et de l'harmonie idéale des créatures.

Cependant, ni dans cette région, ni dans toute la suite de la vie terrestre que nous vivons encore, Saturne ne doit annuler l'influence fatidique de Mars ; elle est même nécessaire à sa mission ; il devra l'invoquer lui-même tant que la créature ne sera pas assez dévouée à la volonté de son Créateur pour s'y consacrer tout entière et, par là, assurer son immortalité. Jusque-là il est indispensable que, périodiquement, elle soit délivrée par la force de Mars de tout ce qui apparaît en elle décidément impur, de réclamé par le Non-Etre.

Saturne, qui mesure le *Temps* par le *Nombre*, limite donc aussi la durée de la vie terrestre et en livre la mutilation à Mars. Alors, ce grand éducateur d'immortalité apparaît encore à notre misère sous la pénible figure du destin rectificateur : père redoutable, « il dévore ses enfants », dit la Fable, mais il sera vaincu par eux quand il les aura faits immortels » (légende de Jupiter sauvé par sa mère Rhéa).

Le courant saturnien arrive enfin à l'extrémité de la région matérielle (au séjour de Mars nocturne sur notre figure) ; c'est la limite de la puissance nocturne, fatale, destructive de Mars ; là commence le domaine des « Eaux supérieures » et de la vie complète qui ne connaîtra plus de mutilations mortelles.

Le courant d'ascension se redresse vers la

source de la Puissance divine ; les vertus Saturniennes, comprimées jusque-là, vont maintenant éclore.

L'attachement du couple sexuel se purifie par la constance de Saturne ; la fidélité en resserre les liens, les fait plus indissolubles ; il se consacre même par l'esprit du sacrifice et de vénération mystique, propre au Principe spirituel d'Unité ; l'amour de *l'autre* l'emporte sur l'amour *de soi*, sur l'attraction instinctive et passagère des sens.

L'amour de la progéniture resserre encore celui des époux et le surpasse même en dévouement, s'étendant jusqu'au sacrifice de la vie terrestre : la Puissance même de Mars commence à se faire tutélaire et providentielle dans la famille.

Ensuite, la sympathie s'étend de la famille à la tribu, à la race, à la patrie, rassemblant par le sacrifice pour la collectivité ceux mêmes que la transmission du sang n'a pas unis.

La Puissance Martiale se fait noble, chevaleresque, généreuse jusque dans la lutte.

Puis, enfin, le mysticisme religieux, l'amour pour le Créateur, le désir de la vie spirituelle, vont éclore sur la rive de la région d'Essence, séjour de *Vénus Uranie*, de celle que Cicéron nomme la « fille du Ciel et de la lumière du jour ». C'est le triomphe de l'Esprit Saturnien d'Unité ; il remplit les cœurs de l'Espérance dans les joies idéales de l'Immortalité.

Au delà, dans la région de l'Essence, Saturne

conduit le disciple de sa rude et sévère éducation jusqu'au pied du trône de la Puissance divine qui va le récompenser de ses difficiles efforts. Nous ne le suivrons pas dans ces régions paradisiaques de la Consécration ; le zodiaque en donne le symbole en l'un de ses signes : le Verseau, domicile-diurne de Saturne, mais nous n'avons pas à nous étendre ici jusqu'à ces régions de l'Astrologie transcendante.

Mercure et Vénus

Les deux autres planètes d'Air sont Mercure et Vénus ; avec elles nous entrons dans un nouvel ordre de Puissances célestes. Par les trois premières l'*Esprit* a donné au Monde tous ses attributs : la Vie par le Soleil, la Force par Mars, la Lumière et l'Amour par Saturne ; à cette distribution *spirituelle*, c'est la création *psychique*, celles des âmes, qui va succéder. Après avoir traité d'*Uranus* ou le Ciel, créateur suprême (ici le Soleil), de *Chronos* époux de Rhéa (ici Saturne), et des *Titans* (ici Mars), Hésiode observe dans sa théogonie que les autres dieux sont d'un ordre secondaire propre à la vie terrestre, et dominé par Jupiter que nous trouverons plus loin. De même en Égypte, Osiris était le chef du monde terrestre, et l'on pourrait suivre cette similitude dans toutes les traditions anciennes.

On a vu du reste, jusqu'ici, Mercure et Vénus, naître de l'action des trois premières Puissances sur les Eléments inférieurs, et Jupiter synthétiser pour une création de second ordre toutes les Puissances diurnes (pages 80 et suivantes).

Ainsi nos deux dernières planètes d'Air ont leur origine au fond de l'Elément terrestre, et leur formation ne les a amenées comme on l'a dit (page 73 ci-dessus) qu'aux portes du Monde céleste sur la rive inférieure de l'Esprit ou de l'Essence ; elles ne pourront devenir des Puissances célestes que par un effort supplémentaire qui leur ouvre l'Empyrée : jusqu'ici elles nous sont apparues dans un rôle purement réceptif, ou tout au plus réactif, dépourvues d'initiative ; il leur reste à conquérir leur place aux Cieux en exerçant leur activité propre au profit de la vie universelle. Sans doute, elles n'y trouveront plus de fonction créatrice, mais elles auront à concourir au développement continuel du Cosmos.

Pour remplir ce rôle, elles doivent, à l'exemple des trois premières puissances, plonger d'abord jusqu'aux profondeurs de l'Elément terrestre par un courant d'activité qui les ramènera aux sources du Feu créateur. Elles vont donc redescendre vers les régions où elles sont nées, mais en messagères célestes chargées de participer à la direction du Cosmos, et dans cette course nouvelle elles vont recevoir une nouvelle mission, une nouvelle vertu aussi, à chacune des étapes précédemment décrites.

Suivons d'abord VÉNUS DIURNE dans cette Voie.

Dans la région de l'Air, au sommet des Eaux supérieures, sur les rives de l'Essence où nous l'avons vue instituée comme *Vénus Uranie* (page 73 ci-dessus), elle se trouvera au milieu des créatures terrestres passionnelles, douées de volonté, arrivées comme elle et sous les mêmes influences à l'ère des luttes contre les tentations terrestres, dernières attractions vertigineuses du Non-Etre. Uranie aura pour fonction de les assister, de les encourager, de les soutenir en ce combat qui doit terrasser les derniers soubresauts de l'animalité. Elle était définie, par les anciens, comme « une déesse pure et sans tache qui nous donne des désirs intellectuels et vertueux » ; comme la « mère du premier Cupidon, l'amour qui porte nos âmes à s'unir à l'essence divine, sa propre image (1) ».

Un peu plus bas, dans la région de la vitalisation (sur la figure, page 90), Vénus devient la providence inférieure de l'humanité arrivée à la formation des groupes sociaux supérieurs, ceux de la Cité. C'est dans ce rôle que les Grecs la désignaient sous le nom de *Cybèle*, fille du Ciel et de la Terre, nourrie en son enfance par des lions (symboles du Soleil dont elle est issue comme on l'a vu) ; ils la représentaient sur un char traîné par des lions (symboles aussi de la force Martiale), la tête ceinte d'une couronne de tours (rappelant le constructeur Saturne). En Phrygie, son culte était inséparable de celui du Soleil ; elle re-

(1) Libois : Encyclopédie des dieux.

présentait les villes ; on lui attribuait l'invention de la musique. Vierge chaste comme toutes les déesses dont nous allons parler dans ce paragraphe, on la disait exilée sur les montagnes, séjour des sanctuaires ; on la disait partout « mère des Dieux », comme notre Vierge chrétienne est reine des Anges.

Au-dessous de cette région, dans celle de la *Matière* (sur notre figure), Vénus est préposée à la conduite d'une civilisation moins avancée ; ce ne sont plus les arts de la cité, ni même les soins du verger qu'elle enseignera, mais ceux plus étendus de la campagne, les éléments et les progrès de l'agriculture. C'est, dans la mythologie grecque, la fonction attribuée à *Cérès*, fille de Saturne et de Rhéa (dans le zodiaque, la Vierge à l'épi, en son signe de Terre, au-dessous de celui de la Balance, signe d'Air, séjour d'Uranie). C'est de Cérès que les hommes figurés, par le jeune Triptolème, son élève, ont appris la culture du blé, le labourage, qui a fixé les hommes au sol et les a tirés de la vie sauvage.

Elle fait plus encore, elle a donné aux hommes leurs premières lois, institution rappelée par la fête des Thesmophories, et, grâce à sa nature déjà céleste, les élevant jusqu'aux premières notions religieuses, elle inculque aux populations la foi dans l'immortalité de l'âme ; c'est ce que figure l'opération où elle purifie par le feu le jeune Triptolème; le souvenir en est parvenu jusqu'à nous, dans la fête de la Chandeleur.

Au fond de la région de Terre, *in inferis*, nous retrouvons la Vénus providentielle sous la figure de *Proserpine*, fille de Cérès, reine des enfers. Ici elle est la mère universelle des êtres terrestres, qui vient les assister après la mort pour leur obtenir l'immortalité. C'est l'Egypte qui nous en donne le symbole le plus expressif par trois déesses à rôles successifs : Isis, épouse d'Osiris, Nephtys sa sœur et Hathor : Isis et Nephtys, nommées « les pleureuses », déplorent d'abord la mort d'Osiris et se lamentent sur son cadavre ; on les désigne aussi comme « les couveuses » ; elles sont représentées au fond et sous le couvercle de tout sarcophage : Nephtys couvre de ses ailes les restes rassemblés du défunt, et, par leurs incantations, toutes deux le ramènent à la vie, non plus à la vie terrestre mais à la vie immortelle. L'âme du défunt est alors confiée sous la figure de l'enfant Horus aux soins de la troisième déesse, dont le nom : Hathor signifie « l'habitation d'Horus », et personnifie l'espace céleste ; Hathor le reçoit et l'élève comme le nourrisson de la vie éternelle.

Les litanies de notre Vierge chrétienne lui attribuent le même rôle quand elles la désignent sous les noms de *Januas cœli, Salus infirmorum, refugium peccatorum, Stella matutina;* implorant l'intercession de ses prières, nous la revoyons de même dans la Prose des morts : « Inviolata Maria nobis concedas veniam per sœcula... Languentibus in purgatorio... subveniat tua compassio, Fons es patens quæ culpas abluis... Ad te, pia, suspirant mortui... Benedicta, mortuos suscita, ad requiem, sis eis semita, etc. »

En cette même région, au fond de sa descente, Vénus rencontre Mercure qui, de son côté et dans le même but, a suivi une course semblable sur la voie involutive de Saturne.

L'effet de cette rencontre et la suite du cours de Vénus ne se comprendront clairement qu'après la description du développement de Mercure ; laissons donc un instant Vénus pour cette autre Puissance mentale

Mercure diurne

Mercure, on s'en souvient, est né du courant Martien, dans la région de la Terre. Les phases de son premier développement ont été décrites précédemment (pages 104 à 106) ; il suffit de les rappeler brièvement. Dans la partie inférieure de la substance, il est revêtu de la faculté de la *conception* des faits et de la *formation des idées*.

Au-dessus de l'axe du premier firmament (Hé, Hê), parties supérieures de la substance, il est entré dans la région de l'*entendement*, première activité intellectuelle, qui compare, juge, généralise et apprend les lois universelles, confiées à Jupiter nocturne qu'il rencontre là.

Au-dessous du second firmament (A E, axe horizontal), arrivant dans la région de l'Air, il reçoit la faculté du *raisonnement logique* qui lui permet des combinaisons personnelles de ses connaissances.

Au-dessus du même axe son activité s'étend et se développe dans les régions supérieures de la *réflexion et de la méditation* permettant d'entrevoir les causes des choses.

Enfin Mercure arrive à la source de la lumière spirituelle, séjour de Saturne, et, de nouveau réceptif, il s'y abreuve directement : il y est revêtu des facultés de connaissance directe : l'*intuition*, l'*imagination*, l'*inspiration* ; analogues aux facultés supérieures d'Uranie, elles constituent ce que l'on peut appeler le *mysticisme mental*. Les Egyptiens le représentaient par une déesse du nom de *Efth* qu'ils disaient reine de l'Ecriture, protectrice des bibliothèques.

C'est de cette position suprême que Mercure va redescendre vers la Terre pour distribuer les vertus nécessaires au progrès des créatures mentales, et par ainsi conquérir, comme il est dit plus haut, sa place aux Cieux.

A son point de départ, sur la région de l'Illumination individuelle, il inspirera les révélateurs des peuples, ceux de qui l'humanité reçoit dès son enfance avec les notions cosmologiques supérieures, les témoignages des Puissances célestes et les aspirations de la foi religieuse vers les destinées de béatitudes immortelles.

Il est caractérisé par la figure du *Toth* Egyptien, l'un des trois dieux de Sagesse parfaite (les deux autres sont Saturne et Cœlus) ; dieu de Vérité et de justice, inventeur de l'écriture et des sciences Sur notre figure, sa place est dans la région de l'Air inférieure à l'axe horizontal, auprès de Jupiter nocturne dépositaire des lois universelles.

Dans la région suivante, celle supérieure de la substance (au-dessus de l'axe des deux Hé הה), l'influence mercurienne s'abaisse d'un degré. Il devient le *deuxième Toth*, traducteur des œuvres du premier, fondateur de la classe sacerdotale, représenté par le symbole du cynocéphale Egyptien. Il est le Dieu de la parole et de la mémoire, l'annaliste qui met en ordre le souvenir des temps révolus, le secrétaire des dieux. Les Grecs le disaient fils de Jupiter et de Maïa (c'est-à-dire de Jupiter nocturne et de Cybèle que nous trouvons tous deux sur notre figure à cet étage de la hiérarchie céleste).

Plus bas, au-dessous du même axe, dans la substance, régnera le *troisième Toth* Trismégiste, celui qui préside à toutes les inventions industrielles, conseiller et compagnon des dieux terrestres Isis et Osiris, inventeur de la lyre. On le représente comme un dieu phallique qui féconde la terre. On voit qu'il correspond à Cérès, son symétrique Vénusien.

Enfin, dans l'Elément de la Terre, nous trouvons Mercure aux enfers, auprès de Proserpine (l'Isis de cette région) et de Pluton (l'Osiris noir). Il est le secrétaire de la pesée des âmes, fonction qui rappelle dans nos tribunaux celle du Juré, appliquée ici au jugement post mortem.

On le représentait, sous le nom d'*Anubis, comme*

conducteur des âmes, par les deux portes de leur admission celles des deux solstices (le Cancer et son opposé le Capricorne, dit Porte de l'immortalité), chargé de les admettre ou de les rejeter selon leur pureté.

A la suite de cette région où il a rencontré Vénus, comme on vient de le rappeler, le courant de réascension amène Mercure dans la région de la Matière, celle inférieure à l'axe spirituel, où nous avons situé Cérès. C'est la région où domine l'animalité brutale, la lutte implacable pour la vie ; Mercure qui y apporte la puissance de la mentalité y est d'abord accaparé comme un guide précieux pour la satisfaction des passions individuelles ; il leur fournit les armes de la ruse, du mensonge, de tous les abus de la parole, de tous les raffinements de l'imagination et de l'entendement.

Ici il a donc, tout particulièrement, le caractère de *Mercure nocturne* ; c'est dans ce rôle que la fable païenne le représentait, « dans son enfance », c'est-à-dire lors de sa pire influence, comme dérobant tous les instruments des dieux ; on le disait plus généralement le dieu des voleurs.

En s'élevant au-dessus de l'axe spirituel, dans la région de la matière où règne Cérès, il devient le dieu du commerce, des comptables de tous genres, des secrétaires pour toutes les fonctions où la mentalité est au service de l'économie industrielle, où l'influence Vénusienne de Cérès multiplie les produits du travail.

Dans la région de l'Eau, reprenant son caractère diurne en la compagnie de Cybèle, ou Vénus d'ordre supérieur, Mercure relève sa puissance jusqu'au développement religieux de la mentalité ; il *seconde* de ses inspirations *toutes les fonctions sacerdotales* : les « Camilles » du Temple, les serviteurs du culte, les interprètes de la divination et de la prophétie, des augures, des sibylles ; il éclaire les premiers élans de l'amour mystique.

Au delà, dans la région de la Vitalisation, poursuivant sa course jusqu'à la source Martiale, Mercure est revêtu, dans l'Essence, de la Puissance céleste. Là, unissant sa science à la sagesse saturnienne du Mage, affranchi même du principe de passivité Vénusienne qu'il a surpassé dans la région de l'Air, il devient l'âme du *Théurge*, de l'Homme saint en qui règne tout équilibre et à qui le créateur accorde toute Puissance sur les choses de la Terre. En lui la Force dispersive de Mars dominée, dirigée, régie par l'Unité majestueuse du Verbe, que Saturne a apportée, s'asservit avec amour à la réalisation de la Pensée divine : l'âme a reçu le baptême du Feu et de l'Esprit Saint.

Vénus diurne *(2ᵉ partie)*

Maintenant nous pouvons revenir à la course de Vénus, que nous avons laissée au fond de la Terre ; nous allons pouvoir suivre sa course ascensionnelle dans les régions intellectuelles où elle va recevoir la collaboration de Mercure et de Saturne.

Dans la substance, elle rencontre d'abord l'œuvre commune de ces deux Puissances, c'est-à-dire l'ensemble progressif des sciences terrestres, celles que l'antiquité nommait les *petits mystères*. Son mysticisme, jusque-là tout sentimental s'y illumine successivement à la lumière révélatrice des causes et des lois, sous la triple influence de Mercure, de Saturne et de Jupiter.

En échange elle ajoute à cette lumière la chaleur de ses désirs, de ses enthousiasmes, de ses aspirations célestes ; mais elle y mêle aussi leurs illusions, leurs égarements, qui ne se corrigeront que par l'expérience et les réponses du destin, car il trône en cette région avec Jupiter nocturne.

C'est ici le domaine des influences psychiques les plus étendues, de l'âme humaine, symbolisée par la figure de *Psyché* (grecque ou gnostique), à peine purgée de ses passions et toute exposée, en sa faiblesse, aux curiosités, aux précipitations, aux déceptions, aux illusions qui la sollicitent.

Dans la région de l'Air, son illumination se complète sous l'influence prédominante du Verbe spirituel, qui trône au plus haut de cet Elément sous la figure de Saturne à son départ.

C'est encore l'âme humaine, mais maîtresse d'elle-même et *prête pour la vie immortelle*. Les Grecs l'ont figurée par la belle légende d'*Andromède*, enchaînée sur le roc terrestre par la faute de ses parents (l'hérédité de Psyché) et délivrée de la gueule du Monstre aquatique par Persée, le Messager céleste, le Mercure divin, descendu du haut des airs sur le coursier ailé de Neptume.

C'est le principe féminin, enfin prêt à pénétrer au Ciel, qui va traverser la région de l'Esprit pour remonter jusqu'à sa source solaire, et jouir de la Vie éternelle.

Toute pénétrée de la connaissance des lois suprêmes, elle les rayonne en lumière vitalisante, avec la majesté sereine de son créateur ; elle les défend contre l'erreur et la passion, avec la force virile de Mars. C'est la *Sagesse active et* puissante : la *Minerve* des Grecs, couronnée de l'auréole des sept rayons.

Le Soleil lui-même devient plus radieux en s'unissant à cette créature terrestre arrivée jusqu'à lui ; elle ajoute à l'éclat brûlant de ses rayons une douceur, un charme qui en tempèrent l'ardeur pour les créatures. L'*harmonie* finale se revêt de *Beauté,* comme la Puissance de Mars s'est revêtue d'unité par Saturne. Osiris apparaît aux créatures célestes sous la figure magnifique d'*Apollon.*

Alors la création *céleste* est accomplie, le *Grand Œuvre* va s'achever par la formation de celui qui sera le réalisateur final de l'Union suprême dans le Monde réel.

L'Homme terrestre va apparaître, libre de naître au Ciel des Noces divines, ou de s'y refuser.

Cette dernière création va débuter par la concentration sur la troisième Puissance de Feu, Jupiter, des deux autres enrichies par l'afflux triunitaire des Puissances secondaires dont on vient de voir la naissance et l'apothéose

CHAPITRE VII

3° LES PUISSANCES SYNTHÉTIQUES ET CELLES NOCTURNES

(Puissances d'Eau et de Terre)

JUPITER DIURNE

On vient de voir, par l'ensemble des courants nés des deux planètes de Feu, avec les contre-courants de retour et aboutissant, en définitive, à leurs points de départ dans le Feu, que le courant solaire qui a produit Vénus (diurne et nocturne) revient au Soleil, et que le courant Martien, qui a engendré Mercure nocturne, revient à Mars doublé du courant Saturnien de Lumière. Celui-ci représente la Mentalité, correspondant à la Pensée et, par conséquent, à l'Esprit ; celui-là le Sentiment, réaction de la Puissance réceptive, propre à la Matière ; par eux les deux Pôles de l'Absolu se trouvent rapprochés face à face dans le Feu ; ils doivent tendre à s'unir définitivement avec d'autant plus d'attraction qu'ils se trouvent modifiés déjà l'un par l'autre par leurs croisements dans les autres Éléments.

L'être céleste né de cette dernière combinaison est celui que l'on désigne sous le nom de *Jupiter diurne*. Il concentre en soi, d'une part, les vertus des deux Puissances issues de l'*Esprit* : la Vie (du Soleil) et la Lumière (de Saturne), et, d'autre part les Énergies qui appartiennent à l'*Essence* : la Force (de Mars) et l'amour (de Vénus). Il a donc en soi, par la définition qui en a été donnée plus haut (page 17), les deux Principes de l'Élément du Feu. Mais c'est un Feu combiné à l'Air dont il renferme aussi les Puissances (Saturne et Vénus) ; c'est un Feu mitigé abaissé vers la Terre, un Feu d'un caractère nouveau.

Fils de Saturne, comme le représente aussi la fable grecque, il est dépositaire de la Pensée divine, particulièrement restreinte à la création actuelle.

D'autre part, revêtu de la Puissance de Mars, c'est par elle qu'il manifestera cette Pensée en la développant.

Comme l'Esprit, il accomplira son œuvre en se multipliant par des créatures semblables à lui-même : « Zeus, dit Aristote, n'est pas le Dieu suprême, mais il renferme tous les êtres comme une enveloppe sphérique ».

Comme l'Esprit aussi, il agira par le concours d'agents secondaires empruntés à l'Air et à l'Eau (Mercure et la Lune, les deux termes intermédiaires de ce quaternaire intérieur) par lesquels il réalisera la manifestation ultime (de Saturne Nocturne).

C'est pourquoi on le disait Père des *dieux* et des *hommes*.

Son nom : *Dis-pater*, père du jour, le représente comme Solaire ; il est « le Principe de Sagesse et de Lumière » (par le courant de Saturne et de Vénus, il représente le Verbe divin, mais spécialement pour le réaliser par la Vie terrestre (ce que les Egyptiens symbolisaient par la figure d'*Ammon, Soleil du printemps*, esprit vivifiant du monde réel).

Son caractère principal est cependant *la Puissance* : Il est la Puissance directrice du Monde ; on le nommait la *tête du grand Pan*. Sa direction qui comprend, d'après Cicéron, « la Raison, la Justice, le Destin, la Nécessité », est plus particulièrement bienfaisante, paternelle. Elle fortifie, elle purifie, elle élève, par action providentielle plus que par correction (il combine Vénus avec Saturne et Mars).

Pour marquer son rôle terrestre la Fable le représente comme naissant au fond d'un antre. Il efface dans l'esprit des populations sinon les souvenirs, du moins la prépondérance des Dieux supérieurs et des Premiers Principes cosmiques ; la mythologie le représente révolté contre Saturne, son père qu'il détrône, qu'il mutile même (symbole qui signifie que, depuis Jupiter, la génération devient bisexuelle).

Jupiter est désormais le Dieu supérieur du Monde, le dieu unique, le dieu solaire, de qui l'influx se divise en sept souffles, le souverain du ciel et de la vie terrestre que le zodiaque résume.

Il est le chef de l'Olympe et de ses douze grands dieux figures terrestres des sept principes supérieurs dont il est issu avec mission de les représenter dans le monde réel. La naissance des principales divinités secondaires, qu'il engendre, correspond au récit de ses amours et de ses métamorphoses.

Ses attributs deviennent ceux d'un roi terrestre ; ses bienfaits sont tous temporels ; ce sont le pouvoir, la richesse, la santé, la force physique.

Il est, en fait, la représentation de l'Homme universel, tel que la Bible le figure, à la sortie du Paradis terrestre, car, en souvenir de la dualité originelle, il est dit l'époux de sa sœur *Junon*. Celle-ci ne conserve cependant, de son rôle primitif, que le titre presque nominal de reine du ciel ; la passivité universelle se trouve dispersée en une foule de divinités secondaires, figurées par le type de Vénus aphrodite et auxquelles Jupiter s'unit temporairement pour peupler l'Olympe.

Saturne nocturne

De même que la Matière s'oppose à l'Esprit pour lui offrir le canevas de sa réalisation, et que la Terre se pose en face du Feu comme la base de sa manifestation, de même, dans le quaternaire synthétique, Jupiter, son Feu, trouve en face de lui pour fonder son œuvre une Puissance de Terre à laquelle il est relié par les deux intermédiaires synthétiques.

Cette Puissance est le nocturne de Lucifer, *Saturne nocturne* (car chaque Puissance d'Air a son nocturne en Terre).

Notre figure (p. 90) fait ressortir son analogie complète avec Jupiter : on peut, en effet, consisidérer ce Saturne nocturne comme la synthèse des deux planètes nées au fond de la Terre (Mercure et Vénus nocturnes). On peut aussi le regarder comme le centre des deux planètes de Destin, Mars nocturne et Jupiter nocturne qui sont à son niveau. Et l'on voit ainsi que ce Saturne nocturne unit les deux Puissances de la Substance (Jupiter et Mercure nocturnes) à celles de la Matière (Mars et Vénus nocturnes), recevant ainsi le caractère fondamental de l'Elément terrestre, ou substance matérialisée (voir p. 7).

Ainsi dans le quaternaire synthétique, Saturne nocturne va représenter une Terre supérieure, comme Jupiter, son opposé, représente un Feu rabaissé. (La tradition désigne cette terre sous le nom de *Terre des Vivants* ; c'est elle, en effet, qui reçoit toutes les conditions de la Vie, aux cieux aussi bien que sur notre globe, comme on le verra par la suite).

D'après ces considérations, Saturne nocturne apparaît comme une Puissance qui rassemble en soi en un seul être : le désir d'être de Vénus, la Force motrice de Mars, l'intelligence de Mercure et la connaissance des lois divines confiées à Jupiter ; il contient donc toutes les conditions de la réalisation du Feu Jupitérien, c'est-à-dire de la

Pensée et de la Puissance divines jointes à l'Amour pur et illuminé.

C'est ce que résument les symboles traditionnels de la Fable païenne pour peindre ce Dieu.

Ordonnateur du chaos primitif que Mars a tiré des Ténèbres terrestres, Saturne accapare d'abord le *Temps* pour répandre progressivement la Lumière céleste qu'il apporte, et le *Nombre* pour fixer soit la hiérarchie, soit la marche de toutes vies matérielles.

Repoussé dès sa naissance jusqu'au fond de la Terre, au milieu des Titans et des Cyclopes, auxiliaires primitifs de Mars nocturne, il a d'abord pour fonction de fixer par son pouvoir de concentration les formes individuelles.

Né dans la région de l'*Air* et secondé par les agents secondaires de cet Elément, c'est par fusion et par vaporisation qu'il élabore la Matière ; dès les débuts il l'a subtilisée.

Son travail est intelligent et beau, puisque Mercure et Vénus sont en lui, dès l'origine, nocturnes encore, mais destinés à être élevés par lui, comme on l'a vu, jusqu'à leur perfection. (D'après la mythologie, *Pallas*, la Vénus supérieure active, le refuse pour époux, mais *Aphrodite* l'accepte.)

Il s'appelle *Vulcain*, celui qui fabrique les instruments des dieux (la Bible le nommera *Tubalcain*).

Troublé cependant par les imperfections de la Matière qu'il travaille et celles de ses auxiliaires, il corrige, modifie, refait sans cesse l'*œuvre* qu'il élabore pour la rapprocher de l'idéal qui est en lui. La Fable le représente dévorant ses enfants (tempus edax rerum).

Longtemps aussi la Lumière qu'il apporte au chaos en accroît le désordre en raffinant par l'intelligence Mercurienne les désirs indomptables, les passions de la créature terrestre volontaire, de sorte qu'on impute à Saturne nocturne tous les vices caractéristiques de la barbarie, la cruauté, la fourberie, l'impudicité ; il passe pour l'un des agents principaux du mal ; on le dit Père de l'amour sensuel et de la Mort !

En fait, comme on l'a dit plus haut, il n'en est que l'occasion ; bien plus il est l'agent principal de la répression : par la vertu de Jupiter nocturne, il met en œuvre toutes les formes du destin. C'est lui qui règle le moment des naissances, mais c'est lui aussi qui fixe l'heure de la mort ; pour arracher les créatures imparfaites à tout ce qui les attache à la Terre, il enchaîne Prométhée à son rôle, pour qu'Hercule vienne le délivrer.

Cependant sa constance triomphe lentement mais sûrement des désordres ; il finit par arracher les créatures terrestres à la barbarie ; l'édifice de sa réalisation résiste à tous les assauts du mal et s'affirme de plus en plus au-dessus de toutes les ruines ; les suites providentielles de son inflexible sévérité apparaissent si nettement qu'il devient enfin le fondateur, le roi, le bienfaiteur des premières civilisations. Dès lors, l'humanité le reverra à travers les siècles comme le souverain de l'*âge d'or*, elle le célébrera comme l'époux de Cybèle, le fondateur des Cités.

En somme, s'il faut le caractériser en quelques mots, on le dira vainqueur du chaos par sa force de résistance, la persévérance, la rigueur du destin. A travers la souffrance due réellement aux fautes ou aux imperfections de la créature terrestre, il la corrige, il la purifie, il l'élève jusqu'aux portes de l'immortalité pour laquelle elle est appelée à la vie.

C'est ainsi qu'il réalise le Verbe Jupitérien, depuis le fond des ténèbres terrestres jusqu'à la Lumière divine d'où lui-même est issu.

Mercure et la Lune

Les deux Puissances célestes intermédiaires entre Jupiter et Saturne nocturne, son opposé, ne sont pas comme ces deux dernières les synthèses de celles avec lesquelles elles partagent le séjour de l'Air et de l'Eau. On a déjà expliqué (pages 76 et 77) pourquoi il ne se forme pas d'union entre les courants qui se croisent en ces deux Eléments, les mêmes motifs l'empêchent pour ces deux centres. Ils remplissent chacun deux fonctions inverses : rassembler sur le pôle terrestre du quaternaire (Saturne nocturne) les effluves de son pôle de Feu (Jupiter diurne), et réciproquement, pour qu'ils s'unissent définitivement sur le centre commun en la réalisation dernière (conjonction ultime de deux premiers Principes).

Ces deux Puissances intermédiaires sont donc triples ; leur dénomination fait nettement ressortir ce caractère. L'une est le Toth *trismégiste* et l'autre la *triple Hécate*.

Ainsi ces Puissances intermédiaires constituent pour Jupiter un dédoublement analogue à celui de l'Esprit en substance et Essence, ou à celui du Feu en Air et Eau.

Ce qu'elles synthétisent en fait, ce sont les deux courants de *Mentalité* et de *sentimentalité* que toute l'analyse précédente a montrés superposés au courant solaire de *Vitalité*. Elles représentent la triple spiritualité de l'âme humaine que l'Évangile nous demande de consacrer au Créateur : le *cœur*, *l'Ame et* la *Force* (Ev. de St Marc, XII-30).

MERCURE DIURNE (2ᵉ *partie*)

Mercure correspond au courant de mentalité, de Lumière, né de la superposition de celui de Mars à celui de Saturne, et revenu finalement à cette Puissance.

Comme Trismégiste, il rassemble sur son centre (celui du deuxième Toth, correspondant à la fonction sacerdotale, qui représente elle-même Jupiter nocturne, dépositaire des lois universelles) la Science pratique, industrielle, du troisième Toth (Mercure nocturne) et la haute Science Sacrée, du premier Toth, but idéal de la mentalité humaine.

Mercure Trismégiste est ainsi la Puissance

qui, par l'éducation instinctive, fatale d'abord, rationnelle ensuite et providentielle enfin, élève l'âme humaine du fond des ténèbres originelles jusqu'à l'illumination suprême dont elle est capable en ce monde réel.

La Lune, Triple hécate

Le caractère de la Lune est tout à fait analogue à celui de Mercure, par rapport aux facultés sentimentales. Elle prend au fond des ténèbres terrestres. Vénus Aphrodite, toute abandonnée au tumulte des plus basses passions, pour l'élever par son éducation toute maternelle, d'abord au moyen des instincts qu'elle lui mesure, à travers les violentes impulsions et les corrections fatales de Mars nocturne (symétrique sur notre figure, à Jupiter nocturne auquel il est soumis), et de sa vie mortelle, jusqu'à l'état d'âme humaine, libre de sa direction; et ensuite, en l'arrachant aux désirs charnels, jusqu'aux élans célestes du mysticisme destinés à soutenir de leur enthousiasme les révélations de la Science suprême. Comme Isis elle représente donc dans son ensemble le rôle de la *Vierge Céleste*, autant comme *Nature* que comme *Reine des Cieux*.

Dans la mythologie grecque, la lune est représentée par Diane, figure symbolique des vertus les plus élevées de l'Isis Egyptienne.

Trois origines étaient attribuées à cette Diane : 1º ou fille de Jupiter et de Proserpine, et à ce titre mère de *Cupidon ailé*, l'amour céleste. Elle est alors la Mère céleste dans toute l'étendue du rôle qui vient d'être décrit ; elle est aussi dans toute sa beauté : Phœbé, sœur d'Apollon, la Lumière céleste. Elle est formée, dit-on, de ce qu'il y a de plus pur dans la Terre et dans les Eaux.

2º Ou fille d'Upis, mortel et de la Néréide Glanie, c'est-à-dire de la Terre et de l'Eau ; elle répond alors au nom d'Hécate, qui correspond à son rôle aux enfers, ou à l'éducation de la Vénus la plus terrestre, éducation toute dominée encore par la fatalité passionnelle et transformatrice de Mars nocturne ; c'est comme dépositaire de ces forces primordiales que les Magiciens l'évoquaient avec l'espoir de profiter de ses violences pour leurs œuvres égoïstes.

3º Ou fille de Jupiter et de la Titanide Latone (c'est-à-dire du Feu et de l'Eau), elle est ici la *chaste Diane*, l'éducatrice qui commence à arracher la passivité (Vénus) à la tyrannie des passions terrestres. Elle est encore la sœur jumelle d'Apollon, par la Beauté morale et physique.

En toute l'Asie mineure on la nomme la *Grande déesse*, elle est la Mère universelle, aux mamelles multiples.

On la représente tout entourée d'animaux, symboles des passions terrestres ; mais elle est la grande chasseresse ; elle les détruit ; elle est la déesse de la chasteté ; elle replonge dans l'animalité celui qui la surprend nue. Par contre, elle est amoureuse du pasteur Endymion qu'elle n'admire que dans son sommeil ; double image de l'inspiration par le songe à l'homme pur, car, dans la symbolique de l'antiquité, le pasteur désigne ordinairement le débutant dans les sciences divines, celui qui régit l'animalité et la tourne au profit de l'homme réalisateur ; « l'Initié ». On représentait Diane parfois avec la couronne de tours, emblème de Cybèle, que notre figure montre au même niveau : celle-ci représente, en effet, l'une des fonctions supérieures de la Lune.

Par son triple rôle, la Lune, triple Hécate, Nature ou Vierge Céleste, la Lune est la Mère éducatrice et la Reine de toutes les Puissances nocturnes qu'elle élève du plus profond des ténèbres jusqu'au niveau des régions célestes où siègent toutes les Puissances diurnes. (Notre figure montre que son domaine est traversé par tous les courants nocturnes, et couronné par Uranie.)

Les planètes nocturnes

Bien que les pages précédentes aient pour objet principal les planètes diurnes, pour la clarté de l'exposition il n'a pas été possible d'interrompre l'analyse des courants générateurs de toutes les Puissances célestes ; il en est résulté comme on a pu l'indiquer à plusieurs reprises (notamment pour Saturne et Vénus) que la description de l'état nocturne s'est trouvée intercalée dans celle de l'état diurne.

Il serait trop long et superflu de la reprendre séparément, il suffit de rappeler où elle se trouve.

Notre figure de la page 90 en fournit pour ainsi dire la table ; on y voit tout de suite que tous les astres nocturnes se trouvent rassemblés en dessous du diamètre horizontal A. E. ou second « firmament » de la Bible. Il faut seulement y ajouter la Lune qui est la Nocturne du Soleil, et, par conséquent, n'a pas d'état diurne.

Ainsi tous les états nocturnes autres que la Lune se trouvent caractérisés par ce qui a été dit sur chaque planète, dans la partie inférieure de leur courant.

*
* *

Conclusions

Tels sont les caractères essentiels des sept Puissances célestes que l'Astrologie a désignées par les noms des planètes composant notre système solaire, parce que ces astres sont les centres de leurs énergies. Le schéma que nous en avons donné permet d'ajouter bien des détails à la définition de ces Puissances, mais ils dépasseraient de beaucoup le cadre du présent abrégé ; il suffit de remarquer que de ces caractères essentiels, l'Astrologie déduit, soit par conséquence logique, soit par extension analogique, un grand nombre d'autres influences exercées par les sept planètes, prouvées d'ailleurs par l'expérience.

On va en donner ici quelques exemples notables, en résumant en même temps toutes les significations précédentes des sept planètes principales (1).

**

Le Soleil, astre de Feu, expression du Verbe divin par le Mouvement, est *essentiellement* le distributeur de la Vie, c'est-à-dire de l'Activité volontaire capable de se renouveler soi-même.

Conséquences : *physiologiques* — la vie physique ; le cœur (plus exactement le plexus cardiaque) chez les animaux ; la monade des minéraux ou de la cellule végétale ; — la force vitale partout.

Psychologiques : Notre esprit ; les inspirations mentales et sentimentales surtout : donc le sentiment de l'idéal ; l'élévation, la noblesse de pensées et les qualités actives correspondantes : grandeur d'âme, générosité.

Analogiques : le chef de toute manifestation vivante et surtout sociale : son pouvoir, sa gloire, les honneurs qu'il reçoit ; dans la famille, le Père.

---

(1) On ne dit rien ici des deux planètes récemment connues ; des raisons astronomiques leur attribuent quelques caractères différents de ceux du système solaire. L'expérience astrologique semble jusqu'ici présenter ces deux astres comme une combinaison de Saturne, notre plus extrême, avec les deux astres les plus voisins du Soleil, savoir : Saturne avec Mercure pour Uranus et Saturne avec Vénus pour Neptune.

La Lune (astre d'Eau), nocturne complémentaire du soleil. Essentiellement : la *Nature*, agent secondaire de la vie à tous ses degrés inférieurs où la spontanéité ne fonctionne pas encore.

Correspondances physiologiques : la constitution physique de l'organisme : les organes autres que le système nerveux, à fonctionnement tout instinctifs, notamment ceux de nutrition (le plexus solaire).

Psychologiques : la sensibilité réactive à toutes les influences, visibles ou invisibles ; la mobilité des désirs, des pensées ; les qualités réceptives de la mentalité ; l'imagination qui donne la forme à l'idée, en général l'âme sensitive.

Analogiques : la Mère, productrice des formes vivantes, éducatrice de l'enfant . — L'épouse surtout fixée au père de ses enfants — par extension : les gynécées, le foyer familial.

Mars, Puissance de Feu (diurne) et d'Eau (nocturne). La Puissance d'impulsion motrice, de distinction, de division ; complémentaire du moteur solaire dans les manifestations spéciales. — Puissance modificatrice de la Matière.

1º *Diurne*. — *Correspondances physiques* : la Force matérielle, — par conséquent, toutes les transformations physico-chimiques ;

Physiologiques : Le sang, porteur et distributeur de la force vitale, les transformations du sang dans l'organisme ; la sève végétale.

Psychiques : l'activité, le courage.

Analogiques (par extension) Le héros — Le chevalier — Celui qui se sacrifie pour protéger la vie normale dans le Monde.

2º *En nocturne* : *physiques* : la destruction de la matière : l'électricité, la radioactivité notamment, la fatalité, le destin en tant qu'il détruit tout ce qui lui est présenté inconsidérément, ou par décret de la Nature.

Physiologiques : la Maladie aiguë et la Mort des organismes.

Psychologiques : la Volonté égoïste qui s'impose par la Force : le despote, le criminel, l'assassin ; — ou les défauts correspondants : la cruauté, la colère, etc.

Extensions analogiques. Tous les agents de division et de destruction : les militaires, les bouchers, les bourreaux ; ou ceux qui versent le sang même pour le bien : les chirurgiens. — Et aussi les instruments de division ou de destruction : les armes blanches ou à feu.

SATURNE. Astre d'Air et de Terre ; auxiliaire spirituel de l'Activité Solaire — Inverse de Mars ; Principe d'Unité et de Concentration dans l'Activité cosmique.

Puissance de manifestation du Verbe, agissant comme centre de préservation de la Forme individuelle.

1º *Etat diurne* : *Conséquences physiques* : Astringence, cohésion individuelle, résistance passive à la dispersion et au mouvement ; principe d'inertie. *Individualité* de toute forme.

— *Physiologiques*. Solidité de l'organisme : tous les tissus résistants (les os, la peau, les enveloppes, les jointures, les tendons).

— *Psychologiques* : Conscience de son unité par l'individu, ou Ipséité.

Concentration sur soi-même : réflexion, méditation, abstraction. Conscience de l'Unité et de l'Infinité totale.

Conséquences mentales plus éloignées : Recherche de l'Infini et de l'Unité dans la Multiplicité : analyse pour la recherche de la synthèse — Précision, définition exacte — hiérarchie dans la synthèse des éléments multiples.

D'où le *Nombre* (la Mathématique) et le *Temps* (la Succession).

Conséquences secondes de celles-là : l'esprit de temporisation, de prudence, de patience ; le caractère laborieux.

La persistance dans le temps : la constance, la fidélité, la Vieillesse, aussi la Considération du Passé et de l'Avenir (Janus) : l'hérédité et sa filiation : l'ancêtre qui le représente, le père qui la continue dans le futur ; tout ce qui reste du passé : les ruines, les choses enfouies, les minéraux, les tombeaux, les hypogées.

La solidité du présent en vue de persistance dans l'avenir : tout immeuble, toute construction durable, le sol même.

La prévoyance de l'avenir : l'assurance, l'économie.

La Science à son plus haut point, conquise par le travail, la Haute Science, religieuse et mystique et donnant *naturellement*, par la puissance du Verbe, pouvoir d'individuation de la Matière : la Science théurgique du Mage (Moïse, par exemple). Et le Mage qui la possède.

Saturne est formateur d'âmes bien plutôt que de formes. Il est traditionnellement le premier fondateur de peuples, de cités, de législation. Il représente le roi de l'Age d'or.

2º *Etat nocturne. Conséquences physiques* : l'Inertie, la résistance à tout mouvement, la dureté, l'obstacle. *Conséquences physiologiques* : la maladie de langueur, la misère physiologique.

Conséquences psychiques. L'isolement (retrait sur soi-même), l'esprit de solitude d'indépendance ; le défaut de sympathie, la froideur, l'égoïsme ; la lenteur ; l'effort pénible, impuissant, le découragement, la timidité, la mélancolie, le pessimisme ; la foi même dans la souffrance pouvant aller jusqu'au mysticisme le plus sombre.

Dans un autre ordre d'idées : l'absence de fortune, la misère (par résistance au succès) ou l'avarice, le désir d'entasser (par esprit de synthèse qui caractérise aussi le collectionneur en général).

Conséquences analogiques : Tous ceux qui travaillent directement la matière première (agriculteur, ouvrier d'industrie, extracteur de matière première). Par extension, la plèbe comme classe sociale, condamnée par la même influence à la pauvreté.

Jupiter : Expression terrestre de la *Puissance* de Mars et de l'*Unité* de Saturne, *Feu* approprié à la Vie terrestre, est le chef de la réalisation de la Pensée divine par la créature volontaire et libre ; l'Esprit de l'Homme universel (Adam Kadmon de la Cabale).

Vivifiant comme le Soleil, Puissant comme Mars, unifiant comme Saturne ; bon comme Vénus, intelligent comme Mercure ; avec prédominance de la Puissance vivifiante et de la bonté sur les autres qualités.

1º *Diurne*. — Puissance de Feu. *Conséquences* : *physiologiques*. Développe la force vitale par les exercices du corps. Thérapeuthe, guérit l'organisme malade (symbolisé par le Centaure Chiron, fils de Saturne, et le signe zodiacal du Sagittaire).

Psychologiques. Représente la *Religion* comme moyen humain de communication avec les Puissances supérieures ; par conséquent, la *Foi*, la conscience morale et la *Raison mentale*.

Agent terrestre de la Providence pour la vie terrestre, représente la *Bienfaisance secourable*, mais aussi la *Loi*, la *Justice*, la *Punition du crime*.

Par extension : le lieutenant du pouvoir Solaire, donc du Souverain social, chef providentiel des Peuples, des États ; le ministre, le gouverneur secondaire ; la Justice Sociale, le Législateur, le Magistrat de tout rang ;

Distributeur des peines et surtout des récompenses ; les honneurs, la fortune.

Tout sentiment et toute institution philanthropique, la médecine, les établissements charitables.

2º *Nocturne.* — Puissance d'Eau. *Conséquences* : *physiologiques* : tous les sports — les communications terrestres les plus éloignées ; les grands voyages, principalement marins ; tout ce qui concerne la navigation.

Psychologiques. La Foi irraisonnée ; le Culte religieux, surtout pour sa pompe extérieure, majestueuse.

Le prêtre comme officiant, distributeur des sacrements.

La morale positive. La loi sociale. Les magistratures de second ordre (la police, les fonctions municipales).

Par extension. Le Négoce, ou commerce de marchandises lointaines. Le Financier.

VÉNUS. La Passivité en Action.

1º *Diurne.* — Astre d'Air. Sous l'impulsion de l'amour pur ou Altruiste : la *bonne Volonté* conquise par amour spirituel : deuxième représentant terrestre de la Providence divine. La Nature naturante. L'âme sensible.

Conséquences physiques. Toute *attraction par sympathie* de Constitution. Exemple : l'affinité chimique.

Psychologiques. L'amour mystique ou Foi vénérante. *L'amour désintéressé, la chasteté, la virginité.*

La *charité*, la sympathie, la pitié, le dévouement, la bienfaisance.

L'optimisme ; l'*Espérance*. La Beauté morale.

La *Sagesse* active comme *directrice morale* (Minerve-Pallas).

La *Sagesse* active comme *réalisatrice bienfaisante* (Cybèle-Cérès).

Extensions analogiques. L'art spirituel. Toute expression de l'Esprit par la Matière.

2° *Nocturne*. — Astre de Terre. La passivité en action sous l'impulsion de la passivité égoïste. La volonté désordonnée par le désir irréfléchi, et violente. La Nature naturée. L'âme concupiscible.

Conséquences : *physiques*. Tout rapprochement par impulsion (la cohésion) ;

Physiologiques : L'assimilation nutritive, l'absorption.

Les organes génitaux (intérieurs surtout). — La Beauté physique.

Psychologiques. L'amour sensuel, égoïste, violent, despotique, jaloux, pour la satisfaction des sens, sans souci de la progéniture.

Extensions analogiques : la femme désordonnée par la passion.

Les arts plastiques ; tout Verbe passionnel.

MERCURE. La perception, l'assimilation et l'éla-

boration du Verbe divin par la créature terrestre.
La Mentalité.

1º *Diurne.* — Astre d'Air. Représentant terrestre du Verbe par la parole ou toute autre expression matérielle. *La Science transcendante, et celle d'ordre supérieur* (la Science des Causes de tout ordre).

Conséquences psychologiques. L'art pratique particulièrement l'éloquence et toute théorie de l'économie (industrielle, financière, judiciaire, sociologique, etc...).

Les facultés mentales correspondantes (ingéniosité, imagination, etc.

2º *Nocturne.* Astre de Terre. *Toutes les facultés inférieures de la Mentalité* : intelligence réceptive, mémoire, perception, jugement, raisonnement logique.

Conséquences physiologiques. Les travaux intellectuels de second ordre, et les fonctions correspondantes : Tous les emplois auxiliaires (et de tous grades) d'enseignement, d'industrie, de commerce, de finances, ou autres (secrétaires, comptables, etc.).

Les contrats et engagements de tous genres par la parole — par extension, tous les hommes de lois et d'affaires, notaires, avocats, etc... relevant des tribunaux, et leurs écrits. — D'autre part, les Editeurs, libraires, imprimeurs; ceux qui répandent la parole écrite... Journaliste et journaux, la Presse en général.

Plus généralement, tous les serviteurs d'ordre

intellectuel, autres que les ouvriers de la matière ; les esclaves, là où il y en a.

Par extension : les animaux domestiques auxiliaires du travail de l'homme, et les machines industrielles ;

3º *Par extension analogique* (des rapports fournis par l'intelligence) : Tous les rapports de l'homme avec son entourage propre : les petits voyages ;

Et tous les moyens de communication (verbale, écrite, ou autre), modes de transport, maritimes ou terrestres, modes de la correspondance et de sa transmission (postes et télégraphes, etc...).

Beaucoup d'autres significations secondaires peuvent être ajoutées encore à ces exemples ; il appartient au praticien de les déduire lui-même des principes généraux, selon les questions particulières qu'il aura à traiter.

Il importe d'observer que l'*état nocturne* ou l'état diurne ne doivent pas être confondus avec l'effet des aspects discordants ou harmonieux; qui ajoute la combinaison d'un autre astre ; ce sont des sujets d'ordre différent de celui traité ici. Il faut en dire autant de la position des astres dans les signes, et, en général, de tout ce qui concerne le zodiaque et ses influences. C'est une matière très étendue qui doit faire l'objet d'un volume spécial.

TABLE DES MATIÈRES

INTRODUCTION : *L'Absolu et ses pôles : Son développement*, p. 1.
Les Éléments ; leur création.
Les Puissances planétaires ; leur distribution.

CHAPITRE Ier. — *Premières notions sur les Puissances du Feu*, p. 15.
LE SOLEIL et les *Soleils*. La *Vie*. — Définition des maléfiques. — L'axe spirituel du zodiaque.
MARS : *la Puissance*. — Définition de la Création. — La Mort. — Le Sacrifice.
JUPITER : distributeur de la Vie et de la Force pour le monde terrestre.
Aperçu sur les planètes des autres Éléments. — Distribution générale ; symétrie de l'ensemble.

CHAPITRE II. — *Création des Éléments — Premières notions sur les Puissances d'Air et d'Eau.* — SATURNE-JUPITER : Air de l'Eau. — VÉNUS : Eau de Air ; leur interversion. — Involution et Évolution, p. 42.

CHAPITRE III. — *Expansion créatrice des Puissances premières et des Éléments.* — L'expansion trinitaire : Le premier *Firmament*, p. 58.

Nouvelle définition des Éléments. — Les deux croix et leurs palmes.— Position des Puissances secondaires ou Génies planétaires. Le double courant entre les pôles.

CHAPITRE IV. — *Description générale des deux courants*, p. 72.

Première phase : Combinaisons binaires qu'ils engendrent.

Seconde phase : Combinaisons quaternaires : le courant intérieur et les Puissances synthétiques.

Réalisation définitive par les Puissances synthétiques, p. 80.

Ensemble de la Vie Universelle : le *Second Firmament*, p. 82.

Définitions détaillées des puissances planétaires.

CHAPITRE V. — 1° *Distribution de la Vie et de la Force par le Feu* : Le SOLEIL : Feu spirituel, p. 86.

— MARS : Feu animateur. — Leur descente et leur union dans l'Élément de la Terre : le *Chaos*, les *Titans*, les *âmes vivantes*.

Leur réascension vers le Feu, et leurs combinaisons.

Génération consécutive des autres Puissances.

CHAPITRE VI. — 2° *Distribution de la Mentalité et du Sentiment* : Les Puissances d'*Air et de Terre*, p. 111.

SATURNE DIURNE : Principe d'Unité : descente et réascension. VÉNUS ET MERCURE : Leur naissance en Terre : leur retour à cet Élément comme Puissances évolutives et leur réascension vers le Feu : *Uranie, Cybèle, Cérès, Proserpine.*

Les trois Toth : Psyché, Minerve, Apollon.

CHAPITRE VII. — 3° *Les Puissances synthétiques et celles Nocturnes*. Puissances d'*Eau* et de *Terre*, p. 133.

1º *Les extrêmes :* JUPITER : Puissance solaire de réalisation. Junon.

SATURNE (nocturne), son complémentaire terrestre. (*La Terre des Vivants*), *Janus, l'Age d'Or*.

2º *Les Intermédiaires* : MERCURE : *Trismégiste*.

LA LUNE : *Triple Hécate* : *Vierge Céleste, Reine des Cieux, Diane, Phœbé, Hécate, la Nature, Isis*.

LES PUISSANCES NOCTURNES, p. 144.

Conclusions, p. 145.

Milton Keynes UK
Ingram Content Group UK Ltd.
UKHW010701080823
426520UK00001B/185